教師の自律性と教育方法

教育方法 51 | 日本教育方法学会編

教育のデジタル化・
協働的な学び・
個別最適な学びを解剖する

図書文化

まえがき

　あのバスに乗らなければならないと急がされる一群の人々。このバスに乗れば教育の風景は新しくなるといわれたが，資料提示など手軽にみえた操作も，一瞬子どもの興味を引くものの，五感をフルに動員することができない。時にアクセスが集中すると渋滞が発生するなど，乗り心地もさほど良くないことがある。アナウンスでバスの行き先が「GIGAスクール」であることはわかった。そこは，「令和の日本型学校」の中心に位置している学校なのだという。けれども乗るバスはそれしかないのだろうか。そもそもバス以外に手段はないのだろうか。行き先はそこでいいのだろうか。検討すべきテーマは山積している。

　先行き不透明な時代に旧来のアプローチに固執していてはならないと叫ばれ，新たな思考と新たな取組が求められるというが，その取組の仕方が上からの画一的モデルへの適応では旧さから脱することはできないだろう。流通しはじめた用語や概念をこれまでの到達点と冷静に付き合わせてみなければならない。例えば，広く利用されはじめたデジタルコンテンツの内容構成は，旧い学習論を土台にしている可能性もある。ICT機器を文房具とみなすとしても，文房具の所有者にその自由な利用権限がない場合，重い不自由を抱え込んだだけとなる。これを避けるには，教育の今を俎上にのせ，冷静な議論こそ大事となろう。こうして今だけでなくその先を見通すという学問の使命を念頭に「自律」や「解剖」という言葉をタイトルに含む今号を編集・発刊することとした。

　たしかに一方で，これまでになく良いことが待っていると語られ，そうみえることも多々ある。しかしながら，本当に意味のある教えと学びがそこに実現していくのか，これを第一部では問う構成とした。教育のDX（デジタルトランスフォーメーション）の可能性と限界，個別化・個性化教育と「個別最適な学び」の違い，学習ログの収集と分析の問題，教師に期待される力量の変動や教師が実践知を生み出す条件などを検討することとした。流行のフレーズに対して，教育方法学の学的考察は，新鮮な知見を提供するだろう。

　まず，石井論文は，近年の教育政策の展開を整理し，学校依存や教師依存とその逆の学校のスリム化や教育の市場化・商品化といった「脱学校化」の動向に対して，学びの脱構築と公共性の再構築を提案する。鹿毛論文は「個別最適な学び」を問うと題して，「個別最適」ではなく，「個」の尊重を基盤とした人の多様性，多面性に着目した教育実践の可能性を突き出す。奥村論文は，個別化・個性化教育の先例として今再び注目されつつあるイエナプラン教育の理念と実践を検討し，個別化・個性化教育は個を基盤とした共生教育であるべきことを論じる。田端論文は，教育に関するデータの収集と活用について，データ分析を専門家だけに任せるのではなく，教育研究者や実践者がデータ分析の主体となってはじめて教師が自律するとし，そのための教育方法学を開拓する必要性を語る。木原論文は，教師教育の現在が専門職の高度化・基準化・システム化といった特質をもつと指摘し，これに対して教師の新たな学びの課題，教師の自律性等の登場を指摘する。高橋論文は，生活指導の研究と運動において教師たちがどのように実践知を創出し，教師の自律性を生み出そうとしてきたのかを検討し，現在の教育改革におけるスタンダード化やテンプレート化の抱える問題点を指摘する。

　第二部は，教師の自律的な授業研究の現在とその課題を検討している。このテーマが設定されたのは，授業の定型化が進行するなかで，授業研究の形も含めて定型の習得ではなく，闊達で自由な議論がたたかわされる学校空間づくりといった授業研究の再構築，その過程での教師自身の成長につながる研究の有り様を探究するためである。

　吉永論文は，教師と子どもが対話を通して対象世界の意味を構成し，自己をかたちづくり，他者関係を紡ぐ学びという観点から子どもと教師の自己変革の場としての授業づくりという営みを描く。宮原論文は，授業実践者と授業研究者の関係，微妙な倫理的相互行為に視点をあてる。坂本論文は，学校における協働型授業研究を通じてこそ教師の職業的熟達化が図られるとし，授業を介した同僚との学びの有り様を論じる。黒田論文は，校内授業研究を通した授業づくり・学校づくりにおける教師の自律性を保障する学校文化と，「形骸化」や

「業務化」との違いについて考察する。藤江論文は，電子的なデータを根拠とした実践の構築が進む現状を念頭に，実践者が自身の実践を文章として再構成する教育実践記録の意味，さらにその記録を読み合う構造の意味を考察し，深化させるべき課題を提出する。

　最後に，第三部では，教育職員免許法等の改訂に伴って「通信技術を活用した教育の理論及び方法」に関わる内容が教員養成科目の中に織り込まれるようになったが，各大学の対応を概観すると共に関連科目の内容構成に分け入って，そこに課題のあることを樋口論文は指摘する。

　すでに次の学習指導要領への改訂スケジュールが公表され，準備が始まった。現下の学習指導要領の改訂におけるキーワードのいくつかは過去のものとなる可能性がある。しかしながらそんな時に流されるのではなく，本質を本道から問うことこそが求められている。教育方法学は後追いの研究領域のようにみえるが，時代に引き継がれていく研究と実践は，アプローチは異なっても課題化的発想をもつものである。課題化的発想をもつ研究は，新たな地平を切りひらく。そうした学問の原点的発想を各論文から感じ取ってもらえれば幸いである。

　2022年8月

代表理事　子安　潤

目次 教育方法 51

第Ⅲ部　教育方法学の研究動向

1 教職課程改革における教育方法関連科目の位置と課題
　　―「情報通信技術を活用した教育の理論及び方法」の新設をめぐって―

I

今日の教育改革と教師の自律性

1　教育「変革」政策の展開と教師の自律性
―「教育 DX × 個別最適な学び」による脱学校化の行方―

京都大学　石井　英真

❶　はじめに ── 教育「改革」の時代から教育「変革」の時代へ ──

　2017年改訂の新学習指導要領が実施されようとするタイミングで，GIGAスクール構想や中央教育審議会答申「『令和の日本型学校教育』の構築を目指して―全ての子供たちの可能性を引き出す，個別最適な学びと，協働的な学びの実現」（以下，「令和の日本型学校教育」）（2021年1月26日）など，次々と新たな教育改革構想が，文部科学省のみならず，経済産業省，内閣府からも提起されている。そして，咀嚼する余裕も十分でないままに新しい言葉が投げ込まれる結果，「主体的・対話的で深い学び」から，「令和の日本型学校教育」の「個別最適な学び」へとキーワードを乗り換えるかのような動きもみられる。

　近年，教育改革構想の提案が繰り返される背景には，変化の激しい社会における子どもたちの学習・生活環境や学校の構造変容がある。特に，GIGAスクール構想や「個別最適な学び」については，ICT活用や自由進度学習等の新たな手法や学習形態の提案に止まらない。既存の枠組みをある程度生かしながら「改善」や「改革」を進めるのみならず，履修主義や学年学級制，標準授業時数，学校に集って教師の指導の下で学び合うことを自明視しないなど，日本の学校の基盤となるルールや制度的・組織的枠組みやシステムをゼロベースで見直し，「変革（transformation）」しようとする志向性が強まっている。

　この教育「変革」政策は，「Society 5.0」という政策アイディアを軸に，「個別最適な学び」と「教育DX（デジタルトランスフォーメーション）」とを掛け合わせ，レイヤー構造のプラットフォームビジネスをメタファーとして構想されている。また，その基本構造は，教育課程政策と教師教育政策において同型

であり，「『令和の日本型学校教育』を担う新たな教師の学びの姿の実現に向けて（審議まとめ）」（2021年11月15日）では，教員免許更新制を発展的に解消した先に，研修履歴管理システムによる教員の個別最適な学びの実現が提起されている。さらに，そうした教育「変革」政策は，「教育政策共同体を越えた幅広いイシュー・ネットワーク（アライアンス）」（合田 2020，p.15）による政策調整過程を通して推進されている。そしてそれは，内閣府の総合科学技術・イノベーション会議（CSTI）の教育・人材育成ワーキンググループによる「Society 5.0の実現に向けた 教育・人材育成に関する政策パッケージ」（以下，「政策パッケージ」）（2022年6月2日）の提起に至っている。

　デマンドサイドからの教育「変革」政策は，「教育」の供給主体を「学校」のみに限定することなく，社会・民間との積極的な連携を重視し，学校内部においても，教員に依存せず多職種協働の組織への転換を志向している。「子どもが教育を選ぶ時代」（野本 2022）という言葉が象徴的に示すように，学校や教師，授業，教科書を必ずしも経由しない学びのあり方が，「子ども主語」「自律的な学び」「エージェンシー」といった言葉と結びついて理想化される状況もある。

　教員の質の担保どころか，教員志望者減による人員の確保も難しい状況で，教員，あるいは学校の仕事のスリム化や外注，教職ルートの多様化や人材の多様化を促す教職資格自体の規制緩和の動きもある。教育の仕事や専門性を教職の専有物とすることは自明ではない。開かれた教育の専門性との関係において，教職の専門性・専門職性を議論していくことが不可避となっているのである。

　本稿では，教育「変革」政策の展開を整理し，その論点を明らかにするとともに，学校依存や教師依存の問題に対して，「脱学校化」や「脱教職化」へのベクトルを，教職の持続可能な卓越性の構築へとつなげる視点を提起したい。

❷　教育「変革」政策の展開

（1）「知識基盤社会」から「Society 5.0」への政策アイディアの変化

　後期近代とも形容される現代社会の要請，特に産業界からの人材育成要求を受けて，「コンピテンシー」（職業上の実力や人生における成功を予測する能力）の育成を重視する傾向が世界的に展開してきた。現代社会は，経済面からみると，グローバル化，知識経済，情報技術革新が密接に関係しながら進行している社会である。「資本主義の非物質主義的転回」（諸富 2020）ともいわれる，1970年代以降進展してきた資本主義の構造変容は，2000年代の段階では，世界的には知識経済，知識資本主義といった概念で，日本でも「知識基盤社会」というキーワードで，教育改革にも影響を与えた。社会が求める人材像や能力の中身，およびその合理的・効率的形成の方法論が議論され，その先に成立したのが資質・能力ベースの2017年改訂学習指導要領である。

　「知識基盤社会」論に導かれた資質・能力ベースの改革は，現在，新たな局面を迎えている。情報技術革新に関わって，ニューメディアの使用法に留まらない，社会の観念やシステムや思考法のあり方に関わる大転換が，「第4次産業革命」や「Society 5.0」といったキーワードにより明確に認識されるようになってきたのである。2016年1月にスイス・ダボスで開催された第46回世界経済フォーラムの年次総会（ダボス会議）において，AIやロボット技術などを軸とする「第4次産業革命」が主題化された。これを受けて，日本政府が打ち出したのが，「Society 5.0」（サイバー空間（仮想空間）とフィジカル空間（現実空間）を高度に融合させたシステムにより，経済発展と社会的課題の解決を両立する，人間中心の社会）という政策アイディアである。

　「Society 5.0」という政策アイディアは，先述のように，「変革」志向の「令和の日本型学校教育」や「政策パッケージ」などを生み出している。これらの「変革」論議は，教育に留まらず福祉なども含めて，子ども支援の担い手や組織体制を包括的に再検討するものである。そこで次に，「政策パッケージ」の改革構想の内実を整理し，その基本的な性格や論点を明らかにしよう。

(2)「Society 5.0」への教育「変革」構想の内実

　「政策パッケージ」では,「一人ひとりが多様な幸せ（well-being）を実現できる社会」として「Society 5.0」を再定義し,子どもたちの自由な発想や多様性の尊重と主体性の伸長を,学校だけでなく地域,保護者,企業,行政など社会全体で推進するための見取り図として示されている。その作成方針は,「デマンドサイド,子ども目線で」,「既存スキームに囚われない」（府省庁横断的に）,「社会構造全体を俯瞰して」,「時にアジャイルに」,「わかりやすく」とされており,3本の政策と46の施策が示されている。ここでは特に,「政策パッケージ」が目指す学校像が示されている,政策1「子供の特性を重視した学びの『時間』と『空間』の多様化」の中身を中心的に検討する。

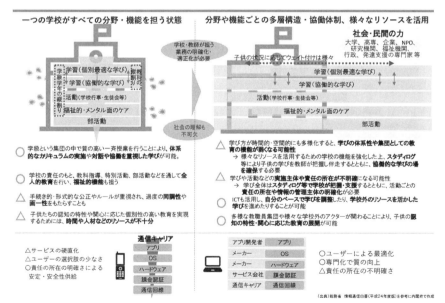

図1　【政策1】子供の特性を重視した学びの「時間」と「空間」の多様化＜目指すイメージ②＞（https://www8.cao.go.jp/cstp/tyousakai/kyouikujinzai/saishu_print.pdf）

　「政策パッケージ」は，モノの所有に価値を置く工業化社会（大量生産・大量消費，縦割り，自前主義，新卒一括採用・年功序列）から，他分野・業種をつないで利活用されるビッグデータに高い価値を置くSociety 5.0（新たな価値創造，レイヤー構造，分野・業界を超えた連携，人材の流動化）への転換を基調としている。従来の日本の教育の強みでもあった特徴を，「同一性・均質性を備えた一律一様の教育・人材育成」と総括し，それが，特に子どもたちの多様化を背景に，「同調圧力」「正解主義」としてマイナスに機能し，子どもたちの生きづらさ，および価値創造やイノベーションの妨げとなっていると指摘する。

　こうして，子どもの認知特性をふまえた個別最適な学びと協働的な学びの一体的充実を図ることで，「そろえる」教育から「伸ばす」教育へと転換し，「子供一人ひとりの多様な幸せ」を実現するとともに，学校がすべての分野・機能を担う構造から，協働する体制を構築し，社会や民間の専門性やリソースを活用する組織への転換を目指すとされている。個性尊重，「新しい学力観」（知識よりも主体性），教育の自由化，「合校」論といった，1990年代の議論を想起させる構想であるが，一人一人に応じる個別最適な学びを実現したり，外注するのみならず，学校内外のアクター間の連携を可能にしたりするものとして，AIによるマッチングシステムやスタディログといったデジタル技術の活用に期待が寄せられている点が特徴的である。そして，**図1**にあるように，スマートフォン・エコノミーなど，プラットフォームビジネスのレイヤー構造を抽象化して，それ（分野と関係なく一気に解けるアプローチ）を他分野にヨコ展開する「DXの思考法」（西山 2021）が生かされている。

(3)「Society 5.0」への教育「変革」構想をめぐる論点

　このように，一人一人の探究力や主体性を伸ばすために，子どもの学びと教育の供給主体の多様化を推進する施策としては，学校で，教師が，同時に，同一学年の児童生徒に，同じ速さで，同じ内容を，教えるという枠組み自体を問い直すべく，教育内容の重点化や教育課程編成の弾力化が挙げられている。「政策パッケージ」では，「教科の学びが自分の設定した課題の解決に活きている

という実感」や学びの自己調整に力点が置かれており，実生活・実社会での知識・技能の活用やコミュニケーション能力の育成を基調としていた．2017年版学習指導要領改訂期の議論と比べて，より個人主義的・心理主義的な色彩が強まっている（石井 2022a）.「個別最適な学び」が推進されるなか，子どもたち一人一人に応じたオーダーメードのカリキュラムが可能になるかのような論調と,「子ども主語」や「学びの責任」といったキーワードの延長線上に，全国一律の「学習指導要領」はそもそも必要なのかという議論も現実性を帯びてくるかもしれない．また，国や地方や学校や教師といった大人たちではなく，子どもたちの学びの枠組みとして教育課程基準を構成することも考えうる.

　ただし，塾や習い事で分数のかけ算は解けるようになったので学校では学ばなくてよいといった具合に，個別最適な学び，修得主義，ICTと教育データ利活用，働き方改革，カリキュラムオーバーロードの解決が，機械的・行動主義的学習観と結びつき，スマート化，効率化の文脈で実装されると，教科学習は，目標項目の系列をクリアしていく検定試験的でスタンプラリーのようなカリキュラムに矮小化されかねない．そして，何をもってその教科を修得したといえるのかという学力観や目標論が空洞化すると，教科学習は，AIドリルやデジタルコンテンツで代替可能な時間短縮の対象とされるかもしれない．加えて，教師や他の大人が手をかけなくても，子どもたちだけで学びを進めているようにみえて，実は大人たちが設定した一定の枠内で，あるいは自分の世界観の枠内に閉じたかたちでの主体性になっている可能性がある．それは,「学びの責任」という名の大人にとって都合の良い従属的な主体性であり，学び手自身にとっても，自分の嗜好や信念に閉じていく自己強化であり，既存の選択肢から選ぶ，あるいは選ばされる学びとなっているかもしれない．この点に関わって,「政策パッケージ」の策定過程において，10代の子どもたち自身からの声も多数寄せられたことは重要である．こうした教育政策を創る過程への参画など，社会と対峙し現実を動かし，自分たちが生きる世界や共同体をも他者とともに創り変えていく「自治的な学び」の機会が重要である.

　また，教員免許制度改革等を通して，特定分野に強みのある教員の養成や,

理数，ICT・プログラミングの専門家など，多様な人材・社会人が学校教育に参画し協働できる流動性の高い教員組織への転換も施策として挙げられている。**図1**右上のレイヤー構造の提案は，タテ社会日本の共同体構造を反映した学校組織の閉鎖性，および保護者や社会の学校依存状況に対する問題提起として具体性があり，部活動の外部委託などの論争を伴いつつも，教員の労働環境の改善につながる動きも起こっている。だが，「政策パッケージ」は，外注・連携による業務のスリム化を基調としており，教職の専門性・専門職性や定数改善・待遇改善への視点は希薄である。学校のガバナンス改革の実際としては，非「教職の専門性」が「教職の専門性」を凌駕し優位化する傾向が強まっているとの指摘もある。学校の責任体制と校長のリーダーシップの確立を掲げた施策が，校長の任用資格要件の厳格化ではなく緩和として遂行された点に象徴されるように，日本の教師教育政策は，学校の組織と経営を「脱教職」化する志向性が強い。チーム学校によって役割分担や負担軽減も期待されているが，特定業務のスペシャリストが設けられたからといって，それらを包括する役割，教職のゼネラリストとしての役割から教員が解放されるわけではない。「『チーム学校』イメージは，従来よりも幅広い『教育』を射程に入れたマネジメントを必要とし，教員の多忙軽減を導かない可能性が高い」（浜田2020, p.33）とも指摘されている。コロナ禍を経て，学校の福祉的機能や社会的機能が注目される一方で，教育機能の一部が実質的に学習塾等でも担われている現状もあって，学習権保障の内実が空洞化することも危惧される（石井2021c）。

　さらに，「政策パッケージ」では，NPOなどとも連携した多様な学びの場の創出，テクノロジーを駆使した地方での教育機会の提供，理数系の学びに関するジェンダー・ギャップの解消など，公正な教育機会の提供や格差是正が大事にされるとともに，「特異な才能」の伸長も強調されている。それは，「浮きこぼれ」問題という学校での生きづらさや困難への対応であると同時に，イノベーションにつながる尖がった人材の育成を志向するものでもある。社会的基本材を均一に分配することや同じように処遇することをもって平等とする日本の横並び平等観を是正し，「平等（equality）」から「公正（equity）」へと平等観を

転換することは重要だろう。しかし，コロナ禍での臨時休校期間中にしばしば耳にした「救える子から救う」という非常時の発想を恒常的な原理として拡大解釈し，自由に進めるだけ進めて開いた差はあとで是正するという発想を呼び込むのは，格差と分断につながる危惧がある。それぞれのニーズに応じて自由を尊重することは，公共的価値の観点から調整されるべきものであり，そもそも「公正」の問題において重要なのは，「その社会の成員（市民）であれば誰もが実現しえてしかるべき（と判断される）基本的な機能」（齋藤 2017，p.142）の保障という社会の責任の範囲であり，自由の際限なき追求を許容する議論ではない。主観的幸福感の観点のみならず，客観的な生き方の幅（ケイパビリティ）の観点も含めて，「ウェルビーイング」や「公正」といった概念の内実を議論し，社会的に実装していくことが重要であろう。

❸　教育「変革」政策の「脱学校」論と学校像の分岐点

（1）「Society 5.0」と「『学び』の時代」の学校像の論争的性格

　「令和の日本型学校教育」「政策パッケージ」等に示されているような，一斉一律からの脱却，「個別最適な学び」の重視，EdTechの活用などの方向性は，Society 5.0 に向けた人材育成に係る大臣懇談会「Society 5.0 に向けた人材育成〜社会が変わる，学びが変わる〜」（2018 年 6 月 5 日）（以下，「Society 5.0 に向けた人材育成」）に見出すことができる。そして，「Society 5.0 に向けた人材育成」では，Society 3.0（工業社会），Society 4.0（情報社会），Society 5.0（超スマート社会）という社会の変化と対応させて，学校ver.1.0（「勉強」の時代），学校ver.2.0（「学習」の時代），学校ver.3.0（「学び」の時代）という学校像の変化が図式化されている（**図2**）。

　図2において，新学習指導要領が掲げる「主体的・対話的で深い学び」は，日本の学校教育の蓄積を生かしつつ，能動的な学び手（アクティブ・ラーナー）を育成するものとされている。そして，工業社会に対応する「勉強」の時代を超えて，情報社会，さらには超スマート社会へと導いていく「学習」の時代に

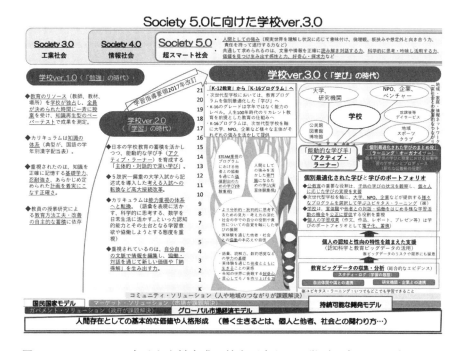

図2　Society 5.0 に向けた人材育成〜社会が変わる，学びが変わる〜（https://www.mext.go.jp/component/a_menu/other/detail/__icsFiles/afieldfile/2018/06/06/1405844_002.pdf）

位置づけられている（脱「勉強」）。さらに，超スマート社会に対応する「学び」の時代では，「教育用 AI が発達し普及していくことにより，AI が個人のスタディ・ログ（学習履歴，学習評価・学習到達度など）や健康状況等の情報を把握・分析し，一人一人に対応した学習計画や学習コンテンツを提示することや，スタディ・ログを蓄積していくことで，個人の特性や発達段階に応じた支援や，学習者と学習の場のマッチングをより高い精度で行うことなどが可能となる」（p.8）と述べられている。そして，大学，NPO，企業，地域などが提供する学校外の様々なプログラムを選んで学ぶことを支援し，個人の進度や能力，関心に応じた学びを提供する，「個別最適化された学びのまとめ役」（ラーニング・オーガナイザー）が，新たな公教育の役割だとされている。まさに学校を「学

びのプラットフォーム」として位置付けようとしているわけである。

　こうした社会像や学校像の見通しについては図式的であるし論争的である。しかし，第四次産業革命の進展は，学校のガバナンス改革を伴って，公教育の構造変容を主題化する（大桃 2016；石井 2021a）。低成長時代，国家財政や政策リソースに拡大を望めず，他方で，社会や市民のニーズが多様化するなか，行政や専門職による一律統治ではなく，規制緩和や分権化を進め，ローカルに最適な施策や実践を探っていくこと，地域や現場の裁量を高めつつ質を保証していくことが公共政策の課題となっている。先述のように，教育政策においても，多様なアクターの参画による，子どもの学びや生活の総合的な支援とそれを実現する分散型のガバナンス構造への移行が進行し，教師や学校の仕事の相対化が生じている。学校のガバナンス改革は，多様なアクターの対話と協働による市民社会的な公共性の再構築に向かうことが期待される一方で，グローバル資本主義の肥大化を背景に，商業主義的な市場化のパワーや経済的価値が勝り，教育の商品化，教育的価値や公共性の空洞化の進行が危惧される（藤田 2016；佐藤 2021）。

(2)「脱学校」と卒「学校」の分岐点

　こうしたガバナンス改革の両義性をふまえると，「学び」の時代の学校像をめぐっては，「脱学校」（学校のスリム化と教育の市場化・商品化）と卒「学校」（学びの脱構築と公共性の再構築）といった競合する複数の方向性がみいだせる。図2において「学び」の時代とされる学校像は，1970年代にイリッチ（I. Illich）が提起した ‘deschooling’ 論を思い起こさせる。イリッチは，制度化された学校がもたらす根源的な問題状況，すなわち，学びを維持するために制度化された学校教育であったのが，学校という制度自体に価値が見出されるようになり，教えられなければ学べなくなってしまうことの問題を指摘する。そして，こうした価値の制度化によって子どもたちの自ら学ぶ力が疎外されていることに対して，学校制度を解体して，人々が自主的にそして平等に資源（事物，模範，仲間，年長者）と出会える自立共生の学習ネットワークを形成すべきであると主張した。

　このイリッチの 'deschooling' 論は,「脱学校」という名の学校スリム化論として理解されがちである。しかし, 現在の学校をスリム化すれば子どもが自由に主体的に学ぶようになるというわけではない。イリッチの 'deschooling' 論は,「学校化された社会」(教えられなければ学べないという疎外された特殊な学びの形態が学校の外側にも広がり自生的な学びを萎えさせていくこと) への問題提起であった。

　実際, 近年の日本においては, 学校の外側の子どもたちの生活空間は合理化・効率化・システム化されている。そのシステムのなかでは, 思考力や想像力を働かせなくても便利に生活できる。また, 学校以外の学びの場も学校以上に「学校化」しており, スキルは訓練できても人間的な成長を促せなくなっている。安易な「脱学校」論は, 保護者をはじめとする大人たちがよほど気を付けていなければ, 学校以上にむき出しの能力主義や競争主義に子どもをさらしかねないし, ペアレントクラシーを伴って, 教育の商業主義的な市場化を進めかねないだろう。さらに, ICT活用も技術的な目新しさに目がいくと, 学びの質の追求よりもスマート化や効率化が勝りがちとなる。その結果,「学習」の時代から「学び」の時代へのバージョンアップと逆行し,「勉強」の時代への退行をもたらしかねない。「令和の日本型学校教育」で「個別最適化された学び」が「個別最適な学び」とされたのは, そこへの危惧もある。

　「学び」の時代が目指しているような, 真に子どもたちが主体的に学ぶことを実現するうえでは,「学校化された学び」「学校化された社会」を乗り越え, いわば「学校らしくない学校」に向けた学びの脱構築としての「非学校化」が目指される必要がある。学校で教え学ぶ先に, 授業外や学校外の生活において立ち止まりや引っかかりや問いを生起させることで, 子どもたちは, 無自覚に社会に動かされている状況から, 生活や学びの主体者として自立し, 学校や教師や教育を学び超え, 巣立っていくのである (卒「学校」, 卒「教育」)。そこでは,「問題提起, 課題提起の場としての学校」,「学びへの導入としての授業」の役割が重要となるだろう (石井 2021b)。

❹ おわりに
──授業像と教職の専門性における持続可能な卓越性の追求へ──

　アクターが多様化し，システムが流動化し，学校や教職の位置も相対化されている状況だからこそ，学校という制度や教育という営みの軸足を確認することが重要である。「脱学校化」や「脱教職化」の流れのなかで追求すべき教師，あるいは学習支援スタッフの役割は，学習者各人の「自習」をAI等の力も借りながら個別に支援するといった，必ずしも教科等の専門性がなくても務まる学習管理者的チューターに解消されるものではない。また，逆に「授業」で一斉に教えたり，コミュニケーションを巧みに組織化したりする，マルチで熟練した専門性や実践知に支えられた名人芸的・職人的ティーチャーのみに固執するものでもないだろう。つまり，「自習」論から「授業」論を問い直し，教師に時間的・精神的余裕を生み出し得る持続可能性をもち，かつ仕事の手ごたえを手放さないような授業像の均衡点を探っていくことが課題なのである。

　これまでの日本の授業では，クラス全体で練り上げ深める「創造的な一斉授業」が研究授業等でも花形の位置にあった。しかし，そもそもそうした創造的な一斉授業の原風景の一つである斎藤喜博実践は，個人学習，組織学習，一斉学習，整理学習という学習形態を単元レベルで組み合わせるもので，各人が自習的に学び，互いの課題や解釈などをすり合わせたうえで，クラス全体で共通の問題や課題に一斉学習で挑んでいくような，フレキシブルな形態も含んだものであった（斎藤 1964）。それが，一時間の研究授業として見栄えもする組織学習から一斉学習のあたりがフォーカスされるようになり，一時間単位の学習形態として展開されるようになったと考えられる。

　近年，ICT活用に適合的な授業として提案されている実践をみると，「創造的な一斉授業」が花形になる前の自習と一斉授業の間の形態に近いと感じる。単元の問いを軸に，最初は一斉で，真ん中は各人がフレキシブルに複線的に，最後は相互にすり合わせたり一斉に練り上げたり，パフォーマンス課題に取り組んだりといった具合に，一時間単位で展開されがちな課題提示，自力解決，

集団解決，適応題の流れを単元単位で展開するものである（樋口 2021）。完成形とみられてきた授業様式を，その発生源に戻って歴史をたどり直してみる。現在の「創造的な一斉授業」の様式は，教師の職人的なアート（直接的な指導性）への依存度の高い授業形態である。これに対し，学びの質や深さにおいて危うさもあるものの，より学習環境やシステム（間接的な指導性）でフレキシブルな学びで育てる方向で，単元単位で仕掛け見守るアプローチも模索されようとしている。それを「教える」ことから「学び」へといった二項対立図式で捉えるのではなく，練り上げのある創造的な一斉授業のエッセンスを継承しつつ，活動を見て思考を見ず，データを見て人を見ずとならないよう，学習課題と問いの設定，および学びの触発や見極めやゆさぶりにおいて質を追求していく必要があるだろう。

　また，これまで教育方法学や学習科学等が明らかにしてきた，学びや成長が成立する条件をふまえて考えると，学ぶ対象である教材を介した共同注視の関係性を，子どもと子ども，子どもと教師，あるいは他の大人たちとの間に構築していくことが，学びの成立とその支援の基本である。さらに子どもが，教師や学校を自律的に学び超えていくうえでは，学びや活動の共同責任の関係を基盤にした伴走者的役割が重要となる。初等教育段階では，教師との人格的な関係を軸に，子どもと伴走しながらも，子どもたちが教材と向き合い，世界と出合いそれに没入する過程を組織化することが，そして，中等教育段階，特に探究的な学びにおいては，学校外の真正の活動に従事する指導者や伴走者（専門家や先達たちや実践共同体）への橋渡しが重要となる（石井 2022b）。

　学校の外側においても学びや活動の場が多様に構築され，学校に閉じずに学びの保障を考えるラーニング・エコシステムや学習歴社会が形成されつつある状況で，パッケージやプログラムの束ではなく，点の学びを線でつなぎ物語化する役割，および，学習者個々人の既存の視野や価値観に閉じた学びにならないよう，単に目標設定を支援したり適宜励ましたりするコーチ的な役割だけでなく，視野の外部を指さしたりする問題提起的な役割が教師には求められる。公教育としての学校の公共性への志向性と共同体（生活の場）としての性格は，

他の学びや活動の場には解消されない上記の役割を担うポテンシャルをもつ。さらに，教科等に関する一定の専門的知見をもち，子どもたちと多くの時間をともに暮らす経験を長期にわたって積み重ねていく教職の仕事とその専門性は，さまざまな専門家や支援スタッフとの協働において，その存在の独自の意味や重要性が再確認される必要があるだろう（石井 2021d）。

参考文献

- 石井英真（2021a）「カリキュラムと評価の改革の世界的標準化と対抗軸の模索」広瀬裕子編『カリキュラム・学校・統治の理論』世織書房.
- 石井英真（2021b）「授業における対話の行方―『主体的・対話的で深い学び』と『個別最適な学び』をどうつなぐか」「読み」の授業研究会編『国語授業の改革 20』学文社.
- 石井英真（2021c）「コンピテンシー・ベースは日本の学校の教育実践をどう変えたか」『フランス教育学会紀要』第 33 号，pp.35-44.
- 石井英真（2021d）「教職の専門性と専門職性をめぐる現代的課題―劣位化・脱専門職化を超えて再専門職化の構想へ」『日本教師教育学会年報』第 30 号，pp.40-50.
- 石井英真（2021e）「学校制度改革の課題と展望―『令和の日本型学校教育』に見る公教育の構造変容」『教育制度学研究』第 28 号，pp.4-20.
- 石井英真（2022a）「コンピテンシー・ベースの教育改革の課題と展望―職業訓練を超えて社会への移行と大人としての自立のための教育へ」『日本労働研究雑誌』No. 742, pp.16-27.
- 石井英真編（2022b）『高等学校 真正の学び，授業の深み』学事出版.
- 大桃敏行（2016）「ガバナンス改革と教育の質保証」小玉重夫編『岩波講座 教育 変革への展望 6 学校のポリティクス』岩波書店.
- 合田哲雄（2020）「アイディアとしての『Society 5.0』と教育政策―官邸主導の政策形成過程における政策転換に着目して」『教育制度学研究』第 27 号，pp.2-23.
- 斎藤喜博（1964）『授業の展開』国土社.
- 齋藤純一（2017）『不平等を考える』筑摩書房.
- 佐藤学（2021）『第四次産業革命と教育の未来』岩波書店.
- 西山圭太（2021）『DX の思考法』文藝春秋.
- 野本響子（2022）『子どもが教育を選ぶ時代へ』集英社.
- 浜田博文（2020）「学校ガバナンス改革の中の教職の『劣位化』」浜田博文編著『学校ガバナンス改革と危機に立つ「教職の専門性」』学文社.
- 樋口万太郎（2021）『3 つのステップでできる！ワクワク子どもが学び出す算数授業♪』学陽書房.
- 藤田英典（2016）「教育政策の責任と課題」小玉編，前掲書.
- 諸富徹（2020）『資本主義の新しい形』岩波書店.

2　「個別最適な学び」を問う
―「個」の独自性（固有名）を大切にする教育実践へ―[1]

慶應義塾大学　**鹿毛　雅治**

　文部科学省中央教育審議会による「「令和の日本型学校教育」の構築を目指して〜全ての子供たちの可能性を引き出す，個別最適な学びと，協働的な学びの実現〜（答申）」（令和3年1月：以下「令和3年答申」）には，学校教育の変革を求める政策的なキーワードとして「個別最適な学び」が掲げられた。ここでいう「個別」とは何か，「最適」とはどのような状態か，「個別最適」とはどのような教育のあり方のことで，そこで想定される「学び」とはいかなるものか。これらはすべて教育方法学が問うべき重要な論点だろう。

　「個別最適な学び」という用語からイメージされる教育のあり方，すなわち，個々の特性に応じた学習環境を提供するという発想自体は決して新しいものではない。教育施策に限ってみても，文部科学省は平成10年学習指導要領で「個に応じた指導」を掲げ，平成20年学習指導要領においても「習熟の程度に応じた指導」「児童の興味・関心等に応じた課題学習」「補充的な学習や発展的な学習活動を取り入れた指導の充実」を求めている。令和3年答申に記されている「指導の個別化」と「学習の個性化」は，1978年の愛知県東浦町立緒川小学校の改築を契機として展開された「個別化・個性化教育」（加藤・安藤，1985）を説明する重要タームとして知られている。

　そこで本稿では，「個別最適な学び」というフレーズについて原理的な検討を行い，それを踏まえて論点を整理するとともに，今後の教育実践のあり方について展望してみたい。

❶　子どもの個性と教育実践

（1）「個別最適な学び」の心理学：最適化と「指導の個別化」

　「個別最適な学び」という考え方の源流には，個に応じるという発想がある。一般論として論じるのであれば，「個別最適」とは，「一人一人の違いに適した環境の提供」を理想とする考え方だといえるだろう。

　このテーマに関しては，古くから心理学において「適材適所」の問題として理論化がなされており，特に研究ニーズの高い二つの分野で研究が活性化した。一つは産業・組織心理学における「組織運営における人事」をめぐっての研究，もう一つは，教育心理学における「適合的教育」を目指した研究がそれぞれ進展した。

　産業・組織心理学では，「適材適所」について個人と環境のマッチングの問題としてとらえ，主に1970年代に「P―Eフィット（Person-Environment fit）：個人―環境適合」という枠組みによって理論化が進められた（鹿毛, 2022）。そこでは，個人の要求と職場環境のあり方にミスマッチが生じているという状況を，両者がマッチしているという理想状態に近づけるためのアプローチを二種類に大別した。すなわち，①個人が環境に適応するために自らを変化させる（変化が生じなければ個人はその環境を去る）か，②個人のニーズに応じて環境側を変化させるかの二つであり，この原理を「職能開発」「人事配置」「職場改善」といった実践に活かそうとした。

　一方，教育心理学においては古くから学習者の個人差に関心が向けられており，特に「適材適所」の理論化においては，教育論という性質上，上記②のアプローチに力点が置かれ，学習成果を最大化するような教育環境のあり方が問われてきた。例えば，プログラム学習に基づく「ティーチング・マシン」の開発において，初期の「単線型」の発展形として反応の個人差によってプログラムが分岐する「複線型」（クラウダ方式）が提案された。今日，このように個人差に応じて課題が変化するという発想は，特にコンピュータを活用したカリキュラム開発において自明の大前提となっているといってよいだろう。

　とりわけ教育における「適材適所」の理論的基盤となったのが，1980年代以降に盛んになった「適性処遇交互作用（ATI：Aptitude Treatment Interaction）」に関する一連の研究であろう。そこでは「能力」のみならずパーソナリティなども含めた広範な個人の特性を「学習適性」として位置づけ，学習者の個性と環境のあり方に相性が存在することを明らかにした（並木, 1997）。

　ATI研究では，多種多様な個人差と教え方を取り上げて，両者に統計的な「交互作用」が見出せるか否かを検討する。例えば，特性としての不安の高低と授業の構造化の程度に交互作用がみられるという分析結果が以下の図である。

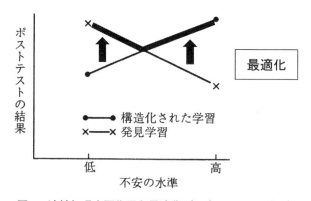

図1　適性処遇交互作用と最適化（並木, 1997 を修正）

　図1は，高不安の学習者に対しては「構造化」の程度が高い教え方（例えば，プログラム学習）が，低不安の学習者に対しては構造化の程度が低い教え方（発見学習）がそれぞれ効果的だった（ポストテストの成績が良かった）ことを示している。この結果から，不安が高い学習者にはプログラム学習，不安が低い学習者には発見学習というように，各個人の特性に応じた教え方を提供することが合理的だという実践的示唆（最適化）が得られ，教育の「個別化」を推進するうえでの根拠として位置づけられた。例えば，教育環境と「個性」との調和を実現する発想は「適合的教育」（グレイザー, 1983）と呼ばれ，個人差変数に基づく診断的評価と，それに応じた教育コースへの配置がフローチャート

によって具体的に提言されている[2]。いわゆる「完全習得学習」は，このような教授と評価の統合システムによる「最適化に基づく個別化」の提案なのである。

(2) 教育目的としての「学習の個性化」

人の統合的な学びと成長をトータルに保障するという観点から考えると，そもそも「最適化」という発想自体に限界がある。なぜならそれは，教育する側がアプリオリに設定する所与の目標を達成することこそが学習であるという発想が前提だからである。学校教育の実践のすべてを「最適化に基づく個別化」だけに矮小化するわけにはいかない。上述の分析から推察されることは，「指導の個別化」とは，いわゆる「一斉指導」に代表される教育環境が個人の特性とミスマッチしているという実態に対して，個人差に応じて学習方法を変化させる方途にすぎないという点だろう。そこには，一人一人の独自性を認め，その延長上に個性的な学びや成長を促すという「学習の個性化」という観点を決定的に欠いているのである。

上述した通り，令和3年答申における「指導の個別化」と「学習の個性化」への言及の根拠は，「個別化・個性化教育」（加藤・安藤, 1985）に求めることができる。この「個別化・個性化教育」とは，そもそも「一人ひとりの重視」を教育理念とし，その下でカリキュラムとシステムを具体的に提案している点にオリジナリティがある。しかも，そこでは「主体的な自己学習力の育成」のみならず，「学習活動の経験化・生活化」が強調され，究極的には「学習内容の個性化」が目指されているという点を見逃してはならない。「個の中に伸ばすべき特性あるいは個性があり，この特性あるいは個性を育成することこそ指導の目的である」と明確に記されている通り，「学習の個性化」こそがより高次な教育の目的概念であり，「指導の個別化」はその手段としての方法概念にすぎない。つまり，「学習の個性化」とは個性を育むことにほかならず，「個性」自体が教育の目的として位置づけられているのである（加藤・高浦, 1992）。

したがって，「学習の個性化」においては「得意分野を育てること」や「やり方・追究の仕方を育てること」が重視され，課題選択学習（複数のテーマか

ら学習者自身が一つのテーマを選んで集中的に学習する）や課題設定学習（学習者自らがテーマを設定し集中的に学習する），さらには教科の枠組みを超えた自由研究学習（学習者が自ら自由に設定したテーマで制作，追究する）といった実践が提案されている（加藤・安藤，1985）。「学習の個性化」とは上記の「適材適所」，「適合的教育」，ひいては「最適化に基づく個別化」とは異次元の概念であり，むしろ「個別化」のあり方を規定する上位概念として位置づけるべきなのである。

(3)「個別化」と「個性化」の関係を問う

　以上のことから「個に応じる」という教育論には二つの異なる考え方があり，両者の関係こそがクリティカルに問われているということがわかった。

　令和3年答申には，「指導の個別化」と「学習の個性化」とが並置されてはいるものの，いわゆる「データ駆動型教育」を背景とした提言であることに鑑みれば，そこでの「個性」は「学習適性としての個人差に関するデータ」であり，それを活用して「最適化」するという意味での「指導の個別化」が重視されていることは明らかだろう[3]。令和3年答申には「『指導の個別化』と『学習の個性化』を教師視点から整理した概念が『個に応じた指導』であり，この『個に応じた指導』を学習者視点から整理した概念が『個別最適な学び』である」と記されているが，この説明だと「個性を育むこと」（学習の個性化）と「個人差に対応すること」（指導の個別化）の区別や両者の関係があいまいで，結果として「個に応じた指導」というように教育理念が不明確化，さらには矮小化されてしまっているようにみえるのだ。

　一方，令和3年答申において「学習の個性化」を強調するトーンは弱い。実際，「個性化」という語は答申に三度しか登場しないわけだが，そのうちで実質的な言及は，「（前略）子供の興味・関心・キャリア形成の方向性等に応じ，探究において課題の設定，情報の収集，整理・分析，まとめ・表現を行う等，教師が子供一人一人に応じた学習活動や学習課題に取り組む機会を提供することで，子供自身が学習が最適となるよう調整する『学習の個性化』も必要である」（傍点は筆者による），「修得主義の考え方と一定の期間の中で多様な成長を許容す

る履修主義の考え方を組み合わせ，『学習の個性化』により児童生徒の興味・関心等を生かした探究的な学習等を充実すること」の二か所である。前者はあくまでも「指導」という観点からの記述のため説明が不十分であり，後者については重要な指摘ではあるものの，そこに力点や提案性は感じられない。つまり，総じて「学習の個性化」は重視されているとはいえず，しかも，「最適化」を前提として説明されている。そこに「個別化・個性化教育」における「個性の重視」という教育の目的理念や，一人一人のユニークな学びや成長を支える教育という発想を読み取ることは極めて困難だ。そもそも「個性化」を「個別化」の上位概念として位置づけた「個性化・個別化教育」に鑑みれば，われわれが検討すべき教育のあり方は，「学習の個性化」の下での「指導の個別化」なのではなかろうか。

(4)「個性」と「個」の違い

　以上のように検討を進めてきて，あらためて気づくことは，「個性」と「個」という語を区別することの重要性である。端的に表現するならば，個性とは性質であり，個は存在を意味する。したがって，「個性の重視」と「個の重視」とでは，意味が相互に重なり合いながらも，微妙にずれている。

　例えば，安彦（1993）は，「個の重視」には「個がユニークであり，かつ社会的な存在であることが無視できず，人格保障の意味が必然的に含まれることになる」と述べている。きわめて原理的な話ではあるが，このように個が唯一無二のユニークな存在ととらえることを出発点とする教育をよしとするのか，あるいは，「最適化」のように個の性質を活用する教育をよしとするのかという二つの考え方を比べると，両者には共通点はあるにせよ，そこから構想される教育実践の具体像は全く異なったものになる可能性がある。「個性を重視した教育実践」がすなわち「個を重視した教育実践」であると断言することはできないのだ。この意味で，令和3年答申では，「個性」は重視されているようにみえる一方，「個」を十分に尊重されているとは思えない。したがって，場合によっては，必ずしも「個」を重視したとはいえない「個別最適な学び」が推進されることさえありうる。

　そもそも，令和3年答申は，一人一人の学習者（「個」）の福利を目的として教育を描いているのだろうか。この答申は「急激に変化する時代の中で育むべき資質・能力」という見出しの下で，「人工知能（AI），ビッグデータ，Internet of Things（IoT），ロボティクス等の先端技術が高度化してあらゆる産業や社会生活に取り入れられたSociety 5.0時代が到来しつつあり，社会の在り方そのものがこれまでとは『非連続』と言えるほど劇的に変わる状況が生じつつある」という記述で始まり，冒頭で「資質・能力」論が展開される。このように，その時々の時代状況の要請から教育のあり方を論じる発想を村井（1982）は「状況主義」と呼んだが，そのような教育論では，一人一人の学習者が，学習の真の主体としてではなく，必然的に状況に適応すべき受動的な存在として描かれることになる。令和3年答申の基調はまさに「状況主義」そのものであろう。答申では確かに「個性化」が記されているはいるものの，そこに描かれているのは，あくまでも「状況主義」を前提とした「学習の個性化」だという点にも留意しておきたい[4]。

❷　「個に応じた指導」を問う

　令和3年答申では，「個別最適な学び」とは，「個に応じた指導」を学習者視点から整理した概念だとされている。そうだとするならば，「個に応じた指導」という一見古典的なテーマこそ，あらためて今日的な観点からクリティカルに検討すべき課題だといえよう。以下では，上述の問題意識を踏まえつつ，「個に応じた指導」をめぐる論点について整理したい。

(1)「個に応じた指導＝個別化」か

　まず，「個に応じた指導」を「個性の重視→適材適所→最適化→個別化」という論理によって短絡的に理解してしまいがちだという点に注意が必要である。

　個別化という言葉は，「個を別々に指導する」「似た者同士の集団（同質集団）を編成して指導する（習熟度別指導など）」というように，個性に応じて学習形態を区別することとして受け止められる傾向がある。その究極の理想像は

「個別指導」である。

　しかし，「個性の重視」さらには「個の重視」という理念が必ずしも学習形態としての「個別化」に直結しないという点を確認しておくことは重要だろう。「個（性）の重視」という原理と集団的な（特に多様な個が集まった）学習形態は矛盾しないばかりか，場合によっては，その実現のための有力なアプローチとして位置づけることも可能だ。人は，多様な他者と関わるなかで学び育つ存在であり，そのプロセスこそが「個性化」であり，他者を含む学習環境との関わりの質やプロセスこそが検討に値する実践的なテーマだからである。

(2) 一人一人の独自性

　「個に応じた指導」を実現するような教育のプロセスにおいては，必然的に「個性」の把握が重要なテーマとなる。一般に個性は，能力やパーソナリティの「量的個人差」として数量的に把握（＝測定）され，その数値が，診断的あるいは形成的評価というかたちで活用されることが想定されている。しかし，そのような「測定法」で見逃されがちなのは，興味やスタイルといった個性の諸側面は，むしろ質的であり，量的な把握が困難だという点である。また，たとえ「質的個人差」が把握できたとしても，いわゆる観点別評価に基づく縦断的あるいは横断的な個人内評価という枠組みにも限界がある。「個」が個人差の束として，理解されることになるからだ。

　パーソナリティ心理学においては，かねてから，当人の複数の側面（要素）の総和として「個」を理解する「特性論的アプローチ」の限界が指摘されてきた。例えば，今日では組織心理学者として知られるアージリス,Cは「ハイボールは，ウイスキーと炭酸と氷でできているが，ハイボールはそのどれとも似ていない独自な飲み物である」と述べ，この種の「要素主義」を批判している（Argyris,1957）。ハイボールのユニークさ（独自性）は，各要素に分解したり，それらを足し算したりしても理解は不可能だというわけである。個の独自性についても同様で，分解した要素の総和では決してない。「個」や「個性」の把握は，その総体としてまるごと把握すべきなのである。

　個を複数の観点から要素に分けて個人差を個性の断面として特定するという

アプローチ（例えば，観点別評価）は，分析的で一見合理的にみえるし，一定の効用があることも事実だろう。しかし，このような「要素―総和」の発想だけでは妥当性に欠けるのだ。とりわけ，「データ駆動型教育」では，その性質上，子ども一人一人をかけがえのない唯一無二の独自な（ユニークな）存在としてではなく，「個」を個人差の複合体としてとらえることになるだろう。しかしそうではなく，上述した「個の重視」という原理に立脚し，一人一人の子どもを日常的な生活の様々な場面でトータルな統合体としてとらえることこそが，より重要な実践的課題であるはずだ。

(3)「能力」が発揮されるプロセスの複雑性

　能力を理解するうえで重要な観点は，それが発揮されるかどうかはその場に依存するという点にある。確かに，能力とは「時間や場面を超えて安定的な特性」を意味する用語だが，その一方で，それが発揮されるための環境的条件があるという点についてはほとんど議論されない。極端な例かもしれないが，「優秀な教師」として表彰された教員が，転勤したとたんに優秀ではなくなってしまったという話を聞いたことがある。つまり，教師の能力が発揮されるか否かは，勤務する学校の方針や同僚との人間関係，職場の雰囲気などの環境要因に規定されているのだ。このような「場依存性」も能力の本質的な特徴なのである。

　しかも，能力は個人のもつ多面的な要素の複合的な相互作用として機能する。例えば，知識が豊富で，より深く考えることができる生徒が必ずしも試験本番で実力を発揮できるとは限らない。不安を感じやすいというパーソナリティ（特性不安）が，試験場面で状態不安を喚起し，評価懸念のため，パフォーマンスが低下するといった例が挙げられる（鹿毛，2013）。

　以上のように，現実の場面において能力が機能するプロセスは複雑であり，そのダイナミズムを無視，あるいは軽視して，評価情報を短絡的に実践に活用することには慎重であるべきだろう。

❸ 「個」の独自性（固有名）を大切にする教育実践へ

　以下では，本論のまとめとして，これまでの論述を踏まえつつ，今後の教育実践の展望を描いてみたい。

(1) 「徒競走型」から「展覧会型」へ

　カリキュラムづくりの課題として，佐藤（2003）は「目標─評価─達成」モデルから「主題─探究─表現」モデルへと単元を再構成するようなアプローチの重要性を指摘している。まさに，この「主題─探究─表現」モデルは，上述した「個の独自性」，「能力発揮プロセスの複雑さ」を重視する「学習の個性化」について考える手がかりになろう。「主題─探究─表現」モデルでは，一人一人の子どもの個性的な成長のゴールを，教育する側がアプリオリに設定することは原理的に不可能であるため，いわゆる「ゴール・フリー」の発想に立脚することが不可欠となるからだ[5]。

　われわれには評価観（特に，診断的，形成的，総括的評価とはそもそも何なのか）の転換を通じた教育実践観の刷新が求められよう。それをあえて比喩的に表現するなら，あらかじめ定められたゴールに到達することを促し，その成果としての個人差（「タイム」）に着目するような「徒競走型教育実践」から，一人一人の独自な表現を尊重し，そのプロセスと成果を鑑賞するような「展覧会型教育実践」への転換といえるだろう。そして，そのような「個」の表現を重視する実践の場では，すべての子どもの学習者としての「自由」が保障されることが一層意識されなければならないのである。

(2) 「学力の測定」から「個の見取り」へ

　「個性」を「学習適性」の個人差と理解して，ビッグデータを用いたAIによる解析結果をそのまま適用することで「個別最適化」の優れた教育実践が果たして実現するのだろうか。もしそうであれば，極端な話，「人としての教師」は不要になる。

　実効性の問題として考えるなら，「個の重視」を前提とした統合的な個の理解を伴わなければ，「指導の個別化」さえ成功しないだろう。ましてや「学習

の個性化」など到底不可能であろう。上述した通り，日常的な生活の様々な場面で「個」をまるごととらえることこそが「個の重視」の前提であり，そのためには当人との関係性を保ち，当人をトータルに理解しようとするような他者の存在が欠かせないからである。ここにこそ学校に「人としての教師」が存在する意義がある。「データ駆動型教育」のシステムで生み出されるデータはあくまでも情報に過ぎず，教育的な判断の主体は，教育の専門性を備えた「人間」であるべきなのだ6)。

　データ駆動型教育のデータには二進法の原理に基づくデジタル思考の合理性は認められるものの7)，そこからは本来人がもつ直観や感性に基づくトータルな認識が排除されている。教育の場で求められる評価とは，人間ならではの知覚に基づく専門的な力量に支えられた教育的に妥当な判断なのではなかろうか（鹿毛，2007）。

　以上の検討から浮かび上がってくる重要なポイントは，教育における評価の本質的なリソースは，特定のシステムがはじきだす「測定」に求められるものではなく，人が行う「見取り」にあるという点だろう。測定結果はあくまでも「見取り」のための情報であり，総合的，統合的な解釈や，それに基づいて最終的に判断する主体は，あくまでも「個」と正対する人間なのである。

　「見取り」においては，学びと成長に関する「鑑識眼」が問われ，その専門性が「見取り」の教育的妥当性を保証することになる（鹿毛，1997）。とりわけ，そこでは一人一人の独自性（ユニークさ）を尊重する態度が求められるだろう。

　個の独自性をとらえる次元は少なくとも二つある。一つは，いわゆる「十人十色」という意味での多様性である。一人一人が異なった存在であって，それぞれにユニークな特徴があるという観点である。「十人十色」に対して「一人十色」という言い回しがあると聞くが，もう一つの次元はこの「一人十色」，すなわち，同一人物の内にも複数の側面があるという多面性である。

　以上に記した「評価」の論点は，「授業」の論点と表裏一体のものとして理解すべきだろう。例えば，「見取り」の確かさは，教師の即興的判断と授業展開のダイナミズムを規定する。定式化や手続きという側面ばかりが強調される

「評価」ではあるが，このように考えると，教育実践に埋め込まれた「コミュニケーションとしての評価」（鹿毛，2007）にこそ着目すべきだということがみえてくる。まさに，日常的な教師の「居方」が問われているのである（鹿毛，2019）。

(3) 同質性から多様性へ：「固有名」の原理に立脚した教育実践へ

令和3年答申では，これまでの日本の学校教育の強みについて「全人格的な陶冶，社会性の涵養を目指す日本型学校教育の成果であると評価することができる」と記している。であるならば，「個に応じた指導」という観点から焦点を当てるべき今日的な課題は，上記の意味での「個別最適」ではなく，「個」の尊重を基盤とし，人の多様性，多面性を前提とした人間形成に着眼する教育実践の展開なのではなかろうか。

一人一人の子どもを「子ども」という普通名詞でとらえ，十把一絡げに理解するわけにはいかない。彼らは「個」としてそれぞれ「○○さん」という固有名をもったユニークな存在だからである。われわれは真の意味でこのような固有名を尊重した教育を重視し，実践してきたであろうか。これまで長らく日本の学校教育では「同質性」（みんな同じ）が重視され，「徒競走型教育実践」が当たり前のように行われてきた。しかし，今日，人の多様性（一人一人違う）が自明視され，それが社会変革のキーワードとして位置づけられるようになった。今まさに，「一人一人を大切にすること」の内実が問われているのである。

学校教育において「一人一人を大切にすること」は不易の原理であり，これまでも教育界で重視されてきた。ただ，従来は「同質性」が前面に押し出され「多様性」はあくまでもその背景にすぎなかったのではないか。われわれは今，むしろ，両者を反転させ，「多様性」を図，「同質性」を地としてとらえる発想へと転換すべき岐路に立っている。固有名をもつユニークな存在として子ども一人一人をとらえるという「個」の独自性の原理に立脚した学校教育の刷新こそが求められているのである。

注

1) 本稿は，拙稿（鹿毛, 2021）に加筆修正を加えたものである．

2) ただ，適合的教育を「指導の個別化」の考え方にすぎないと断定するのは早計だろう．理念的には「個性の諸側面に働きかけて，それらを可能な限り伸ばすことを目指す教育」（並木, 1997）という考え方だからである．ただ，今日の時点で「学習の個性化」という観点から評価するならば，あくまでも教育目標を自明の前提とした「教授理論」であり，学習者の主体性について十分な言及がない上で最適化が論じられている点に限界がある．

3) ビッグデータを診断的，形成的評価の情報リソースとして「学習の個性化」に活かせるはずだという反論もあろう．理念的にはありうるだろうし，実際，実践者が参考にしうる情報の提供は可能だろう．しかし，アプリオリな目標設定ができず，予測不可能な学習プロセスを本質とする「学習の個性化」に対するその種のデータの実践的活用は極めて難しい．

4) 「状況主義」はこれまでも「答申」で繰り返されてきた特質であるばかりか，教育論一般にもよくみられるパターンで，目新しい現象ではない．教育界においては，そもそも学習の主体性についての認識や，「個」を起点として学習や教育（さらには「社会」や「文化」）を描くという発想は希薄なのではないか．

5) 「目標─評価─達成」モデルと「主題─探究─表現」モデルを二項対立的に理解するのは早計だろう．むしろ，ここでいう転換とはいわば図と地の反転であって，「主題─探究─表現」モデルを主としながらも，「目標─評価─達成」モデルをそこにどのように組み込むかという点も，いわゆる「学力保障」上の重要な課題となろう．

6) 同時に，学習に関する判断の主体は学習者自身であるべきだという原則も確認しておきたい．

7) この種の数量データは「客観的」だとされるが，誤解である．例えば，客観テストの配点や基準をどう決めるかというように，データ化する過程にはそれを加工する側の企図が必ず反映されているからである．

参考文献

・安彦忠彦（1993）『「授業の個別化」その原理と方法を問う』明治図書出版 .

・Argyris, C.（1957）. Personality and organization; The conflict between system and the individual. Harpers.

・グレイザー，R.（著），吉田甫（訳）（1983）『適合的教育──個に応じた教育──』サイエンス社 .

・鹿毛雅治（1997）「学力をとらえることをめぐって〜評価論」，鹿毛雅治・奈須正裕（編）『学ぶこと・教えること──学校教育の心理学──』金子書房 .

・鹿毛雅治（2007）『子どもの姿に学ぶ教師――「学ぶ意欲」と「教育的瞬間」』教育出版.
・鹿毛雅治（2013）『学習意欲の理論』金子書房.
・鹿毛雅治（2019）『授業という営み――子どもとともに「主体的に学ぶ場」を創る』教育出版.
・鹿毛雅治（2021）「人の多様性，多面性と授業――教育心理学の観点から――」，『日本教育方法学会第24回研究集会報告書（2021年6月12日開催）』,pp.39-53.
・鹿毛雅治（2022）『モチベーションの心理学 ――「やる気」と「意欲」のメカニズム――』中央公論新社.
・加藤幸次・安藤慧（1985）『個別化・個性化教育の理論』黎明書房.
・加藤幸次・高浦勝義（監），全国個性化教育研究連盟（著）（1992）『個性化教育実践ハンドブック』学陽書房.
・村井実（1982）『教育する学校』玉川大学出版部.
・並木博（1997）『個性と教育環境の交互作用――教育心理学の課題』培風館.
・佐藤学（2003）『教師たちの挑戦』小学館.

3　個別化・個性化教育の動向と
　教師の自律性
　　―オランダのイエナプラン教育を手がかりとして―

京都大学　奥村　好美

❶　「個別最適化」「個別最適な学び」とオランダのイエナプラン教育

　中央教育審議会「『令和の日本型学校教育』の構築を目指して～全ての子供たちの可能性を引き出す，個別最適な学びと，協働的な学びの実現～（答申）」（2021年1月26日）の公表等により，「個別最適な学び」への関心が高まっている。答申では，個別化・個性化教育の考え方を援用した「『指導の個別化』と『学習の個性化』を教師視点から整理した概念が『個に応じた指導』であり，この『個に応じた指導』を学習者視点から整理した概念が『個別最適な学び』である」とされている。「個に応じた指導」は，「GIGAスクール構想」を背景に整備された1人1台端末と，高速大容量通信ネットワークといったICT環境を活用して，充実させていくことが求められている。このように，「個別最適な学び」はICT環境の整備とセットで求められている。

　こうした動向に対して，その可能性や課題が様々に議論されている。例えば，武田緑は，「個別最適化」や「個別最適な学び」がオルタナティブ教育と重なる可能性に言及しつつも，「個別最適な学び」に対して主に次の4点を指摘している[1]。それは①「個別最適な学び」において合わせる対象が「学習進度」だけになり，学びの内容が貧困化したり，プロセスが画一的になったりしないか，②「まだ知らない世界に出会う＝まだ知らない自分に出会う」という学びの側面が軽視されないか，③「個に応じた指導」よりも「学習の個性化」が優先されるべきではないか，④「個別最適な学び」を実施する際にどのような「ビジョン」をもつのか，すなわち効率化や管理・統制のしやすさが求められれば学びの豊かさを剥奪するものになりかねないのではないかというものである。

ここからは，「個別最適化」「個別最適な学び」が管理・統制の道具となり，子どもの学びが矮小化するのを防ぐためには，教育ビジョンや「個別最適化」「個別最適な学び」の内実の検討が重要であることが指摘されているといえる。

　「個別最適な学び」が着目されるようになったおおもとには，当初経済産業省「『未来の教室』とEdTech研究会第1次提言」（以下，第1次提言）（2018年6月）で「個別最適化」という言葉が使われたことにあると考えられる。本稿で取り上げるオランダのイエナプラン教育が，近年「個別最適な学び」との関係で着目されているのも，この第1次提言に端を発している。第1次提言では「個別最適化学習」の例として，オランダのイエナプランスクールが取り上げられている。イエナプラン教育の取り組みとしては「文理融合の『ワールド・オリエンテーション』と個別学習の『ブロックアワー』」が行われていることが紹介されている。特にブロックアワーに関しては「子どもが静かに黙考する時間を重要視し，『ブロックアワー』と呼ばれる個別学習の時間を設け，一人で静かに学ぶ環境を確保する。学校によっては，この時間にタブレットに向き合って個別化された学習プログラムで自習する場合もある」と述べられている。

　イエナプラン教育とは，1924年にドイツのイエナ大学の教育学教授ペーターセン（Petersen, P. 1884-1952）が大学付属学校で始めた教育である。オランダでは憲法で「教育の自由」が保障されているため，イエナプランスクールなどのオルタナティブスクールが公教育の枠組みで運営されている。オランダイエナプラン教育協会のホームページによれば，イエナプランスクールとして承認されているオランダ国内の初等学校は177校（2022年5月6日時点）である。

　しかしながら，このオランダのイエナプラン教育は，第1次提言が述べるようにタブレット等を用いて個別学習を行う「個別最適化学習」の好例なのだろうか。本小論では，イエナプラン教育における教育理念，個別化・個性化教育の定義，教育実践の概要を検討することで，教師の自律性にもふれながら，日本における「個別最適化」「個別最適な学び」の動向に対する示唆を導出してみたい。

❷　イエナプラン教育の背景と理念

　ここでは，最初にペーターセンの思想を確認したい。ペーターセンは学校で
は学校共同体（Schulgemeinde）が形成されるべきであると考えていた[2]。ペー
ターセンにとって，根底に横たわっていた問題は「人間の子どもが自らにとっ
て最良の陶冶を得ることができるような教育共同体はどのように構成されねば
ならないか」ということであった。その共同体はゲマインシャフトと呼ばれ，
そこでは人は「たえず全体的人間として必要とされている」という。そのため，
そこで「一緒に生活している人間は，互いに兄弟とか同じ志操をもった仲間の
ような状態」にあるとされる。当時にあって，ペーターセンは，「男女両性，
あらゆる身分や宗派，あらゆる才能の子どもたちを一緒に」する「一般的学校
（Allgemeine Schule）」を目指しており，すべての人が人として尊重される共同
体としての学校の実現を目指していた。

　こうした子どもを「人間」としてみる考え方は，オランダのイエナプラン教
育においても根幹に据えられている。イエナプラン教育はフロイデンタール
（Freudenthal-Lutter, S. 1908-1986）によって，1950年代にオランダに紹介された。
フロイデンタールは，オランダのイエナプラン教育のための「教育的ミニマム
（pedagogische minima）」を考案している[3]。フロイデンタールのミニマムは次
の8つである。①インクルーシブな思考のための養育（opvoeding）[4]，②学校
の現実の人間化と民主化，③学校に関わるすべての人との対話と，対話への準
備，④教育学的な思考と振る舞いの人類学化，⑤学校に関わるすべての人の真
正性，⑥生と学びの共同体の共同的で自律的な秩序による自由，⑦批判的思考
のための養育，⑧創造性の刺激と創造性のための機会の創出である[5]。

　フロイデンタールは，イエナプラン教育を「容認可能なグランドモデル
（ontvankelijk grondmodel）」，「解釈可能な目標モデル（interpreteerbaar streefmodel）」
と表現している[6]。つまり，社会や教育実践，科学の新しい発展に伴う改良を
容認しうるグランドモデルであるとともに，「相対的に永続的かつ認識可能な
中核（relatief blijvende en herkenbare kern）」が必要であると考えられている。

　ここで，「相対的」という言葉が使われているのは，それが永遠ではないためである。また，共通の出発点をもちつつ学校の状況や子どもたち，学校の歴史の違いに応じた解釈の余地もある。フロイデンタールの教育的ミニマムも，ペーターセンの養育目標に，彼女独自の新しい解釈を加えていると考えられている。それでも，「インクルーシブな思考」「学校の人間化や民主化」を重視している点などに，子どもを「人間」としてみる考え方は引き継がれているといえる。

　その後，フロイデンタールの教育的ミニマムの「後継者」として，20の「基本原則（basisprincipes）」が1990年にオランダイエナプラン教育協会（Nederlandse Jenaplan Vereniging; 以下NJPV）で採択されている[7]。基本原則の内容は，フロイデンタールの教育的ミニマムから引き継いでいる点が多い。基本原則は，もともと1980年代にケース・フルーフデンヒル（Vreugdenhil, K.）が教員研修の指針のために，ケース・ボット（Both, K.）が学校ワークプラン作成の指針のためにそれぞれ作成したものを統合して作られたものである。1987年に2つを統合した原案が最初に示されてから，NJPVで採択されるまでに約2年を費やしており，多くの議論と合意を経て設定された[8]。こうして作成された基本原則は出発点であり，ビジョンとして位置付けられた。先述した「相対的に永続的かつ認識可能な中核」であり，「アイデンティティ」ともいわれる部分が基本原則となったとされる。

　現行（2022年4月現在）の基本原則の中身をみてみると原則は，大きく3つに分かれている[9]。「人」について（原則1〜5），「社会」について（原則6〜10），「学校」について（原則11〜20）である。ここですべてを取り上げることはできないが，特にイエナプラン教育の人間観，社会観を支えると考えられる原則をみてみたい。まず，「人」についての原則1，原則2を確認してみると「1. すべての人はユニークである。つまり，たった一人の存在であり，したがってすべての子どもとすべての大人はそれぞれ，かけがえのない価値を持っている」「2. すべての人は，自分のアイデンティティを発達させる権利がある。これは，自立性，批判的意識，創造性，社会的正義への志向によって可能な限り特徴づけられる。その際，人種，国籍，性別，性的指向，社会環境，宗教，

信条，障がいの有無によって違いが生み出されてはならない」と示されている。ここには，子どもだけでなく大人を含むすべての人が一人一人固有の価値をもち，人として尊重されるべきことが理念として貫かれている。次に，社会についての原則6では「6. 人々は，一人一人のユニークでかけがえのない価値を尊重する社会に向けて取り組まなくてはならない」と示されている。一人一人にかけがえのない価値があるという人間観に向けて，社会と相互作用しつつ取り組むことが求められている。こうした考え方のもとでは，一人一人が固有の価値をもつからこそ，それを互いに尊重する，共に生きるための学校・社会を実現していくことが重視されることになる。これは子どもたちだけでなく，教師たちにも当てはまる。つまり，「人」についての基本原則では「すべての人」が主語に，「社会」についての基本原則では「人々」が主語になっていたように，教師もこうした「人」の一人なのである。だからこそ，教師の自律性も尊重されるとともに，ビジョンを共有して共に取り組むことが重視される。イエナプラン教育で個別化・個性化教育が実施される際には，こうした人間観や社会観に立脚していることはおさえておく必要があるだろう。

❸　オランダのイエナプラン教育における個別化・個性化教育

　ここでは，オランダのイエナプラン教育における個別化・個性化教育の定義を確認したい。オランダのイエナプラン教育では，個別化教育（Individualiseren）は個人の可能性や特性に合わせた教育，個性化教育（Personaliseren）は，子ども一人一人のユニークさを考慮した教育であるとされ，この2つのレベルを区別するべきであると考えられている[10]。

　個別化教育は，子どもたちを不当に扱わない，すべての人の可能性と限界を考慮した教育組織であるとされている。ここで，批判の対象とされているのは，同一年齢学級での一斉授業である。子どもの可能性や特性に合わせた教育を実施するためには，学習の取り決め（werkcontracten）や評価は，子どもとグループリーダー（以下，本稿では教師）との間でその子の学習状況と照らして行う

ことが求められている。そのため，一般的な基準に当てはめるような声かけ「あなたは6年生なのだから，こうした学習成果をあげることを期待しているよ」ではなく，それまでのその子の学習状況と照らした「今回の読書サークルでは準備が不十分だったんじゃないかな，前回のあなたはもっと上手にできていたもの」といった声かけが好ましいとされている。こうした個を中心とした学習や評価を進める上では，後述するブロックアワーの設計やコース学習（cursussen）の構成が鍵となる。こうした教育的方策（onderwijskundige maatregelen）の総体は「差異化（differentiatie）」と呼ばれている。このように，オランダのイエナプラン教育における個別化教育では，個を中心とした学習や評価が構想されている。ただし，オランダの初等学校においては，初等学校卒業時までに身につけておくべき知識・技能等が中核目標という形で示されているため，イエナプランスクールにおいても個人内評価は目標に準拠した評価と結びついた形で実施されていることをつけ加えておく。

　個性化教育においては，すべての人はユニークであり，交換不可能な存在であると考えられる。ペーターセンの理念や基本原則にも通底していた人間観であり，イエナプラン教育の必然的な出発点かつミニマムであるとされる。もしまったく同じ人を育てることができるようになれば，人間の何か本質的なものが失われてしまうと考えられている。個性化教育に関しては，行動心理学者のスキナー（Skinner, B.F 1904-1990）が批判的に取り上げられている。皮肉をこめて，スキナーの分析から分かることは，わたしたちが特定の領域でいかに不自由か，いかに操作されるかを発見できることにあるとされる。これに対して，イエナプラン教育では個人が意味を発見するプロセスを大切にすることが望まれている。そこでは，（知識があっても）身体的，理性的，感情的に経験されなければ統合されることはなく，そうなれば教育はコンピュータと同じように記憶を与えるだけになってしまう。教師は，自身が重視することと，他者（子ども）が重視することの両方の価値を知っており，その両方を尊重することが求められる。この2つをどう取り扱うかによって，教師が正しくあることができるかが決まる。養育者である教師は，子どもが「主人（教師）の声」の言い

なりになることを防ぐために，子どもの考えを知るだけでなく，時に受け入れることも重視される。このように，イエナプラン教育の個性化教育においては，子どもはかけがえのないユニークな存在であるという人間観を基盤とし，子どもが自分らしく意味を発見しながら学び，成長していけるようになることが重視されており，それを支える教師のあり方があわせて問われているといえる。

❹　オランダのイエナプラン教育実践の特徴

（1）仕事（学習）の捉え方とブロックアワー

　ここでは，オランダのイエナプラン教育において，どのように個別化・個性化教育が行われているかに注意を払いながら，実践の特徴をみていきたい。オランダのイエナプラン教育については，リヒテルズ直子を中心にこれまでにも日本に紹介されている[11]。具体的には，基本的に3つの年齢の子どもからなる異年齢学級編成，まるで家庭の居間のようなリビングルームとしての教室，対話・遊び・仕事（学習）（Werk）・催しという4つの基本活動に基づくリズミカルな教育活動などに特徴をもつ。イエナプラン教育はこれらすべてを通じて実現されるものであるが，本稿では，第1次提言で「ブロックアワー（blokperiode）」と「ワールドオリエンテーション（wereldoriëntatie）」が取り上げられていたことを鑑みて，仕事（学習）に焦点を絞って取り上げたい。

　イエナプラン教育では，仕事（学習）は，理想的には「自己実現（自分が誇りに思えたり満足したりすることのできる何か）」および「他者のために何かに取り組むこと」の両方を満たすべきであり，イエナプランスクールでは子どもたちがこの両方を経験できなくてはならないと考えられている[12]。ケース・ボット（Both, K.）によれば，イエナプランスクールでの仕事（学習）は次の4つを指す。それは，①何かを計画し，実施し，評価できること（戦略的行動の側面），②自分自身を教育する（scholen）こと，つまり訓練したり，練習したりすること，③自分自身に課題を与え，満足できるようやり遂げるまで粘り強く取り組むこと，（誘惑などに）耐えるようにすること，④自分自身（自身

の努力や能力）に基づく，また成果に対して設定された要求に基づく質への意識，である。こうした考え方からは，イエナプラン教育では，仕事（学習）は自己実現・他者への貢献のために行うものであり，それを子どもが自分で進めていけるようになることが重視されていることがわかる。

　こうした仕事（学習）が中心的位置を占める教育学的（pedagogische）状況としては，ブロックアワー，コース学習，共同体のための仕事（学習）13)，ワールドオリエンテーションの4つがあげられている。このうち，本節では，「個別最適化学習」として紹介されていたブロックアワーについて詳しくみたい。

　ブロックアワーとは，子どもたちが自分の責任で計画し，実施し，評価することを学ぶ，60分から100分の長いひとまとまりの時間である。イエナプランスクールでは，毎日こうした時間が設定されている。ブロックアワーでは，仕事（学習）の構造化，教材の自立的（zelfstandig）使用，時間の意識的使用（学習時間の計画と見積り），（すぐに援助を求めないことを含む）自立（zelfredzaamheid），共働（samenwerken）と援助が行われる。ここで注意したいのは，ブロックアワーは，子どもたちが自分らしい学習の取り組み方を学ぶ時間として位置づけられている点であり，そこでは必要に応じて共働したり助け合ったりすることが明確に示されている点である。ブロックアワーは単なる自習のための時間ではなく，まして子どもに合うと考えられた課題を自動的に出題するコンピュータに無思考に向かう時間でもない。

　ここで，ブロックアワーを中心として，イエナプラン教育で自立的な（zelfstandig）学習が行われるために，子どもや教師にどのようなポイントが求められるのかについても確認しておきたい14)。以下の**表1**は，子ども用の「自立的な学習のためのチェックリスト」である。

表1　子どもたち用　自立的な学習のためのチェックリスト

　1. 学級のルールを知っている
　2. 指示がなくても互いに助け合うことができる
　3. 自立的な学習とは何かを知っている

> 4. どこで教材を見つけられるかを知っている
> 5. 自分（たち）で問題を解決できる
> 6. 次のような支援を得て，自分たちの学習を計画することができる：計画ボード，タスクボード，タスク用紙，タスク冊子
> 7. 自分たちで教材を上手に扱える
> 8. 「先生は後から（uitgestelde aandacht）」の原則に従って，学習を行うことができる
> 9. 1日もしくは1週間の仕事が終わった時に何ができるかを知っている
> 10. 学習を自分（たち）でチェックすることができる
> 11. 自立的に間違いを正すことができる
> 12. 自分（たち）の問題をことばで表現することができる
> 13. 共働することができる
> 14. どこで学習したいかを選ぶことができる

　表1では，子どもたちがそもそも自立的な学習とは何かを知っており，自分（たち）で進めていけることが求められている。ただし，一人一人の子どもが常に個別に取り組むことが求められているわけではなく，必要に応じて互いに助け合ったり，共働したりしながら，自分たちで学習を行えるようになることが目指されているといえる。

　次に，表2では教師用の「自立的な学習のためのチェックリスト」を紹介する。

表2　教師用　自立的な学習のためのチェックリスト

> 1. 子どもたちの自立的な学習が出発点となるような状況を準備する
> 2. 教室は，児童の自立性を刺激し，高めるように整えられる
> 3. 児童が自立的な学習の一定の目標を達成できるように教授ステップのアウトラインを計画する
> 4. 自立的な学習を開始し，評価を行えるような対話を導く
> 5. 自立的な学習の側面に光が当たるような遊びの状況を提供する
> 6. 明確で差異化された課題のインストラクションを行う
> 7. 次のような自立的な学習を促進するツールを使用する：タスクボード，計画ボード，選択タスク冊子，ボードコード
> 8. 子どもたちに，どのように互いに本当に助け合うことができるかを教える

表2では，教師には，自立的な学習ができるよう環境整備を行うことが求められている。差異化された課題のインストラクションという点での個別化教育も含まれているが決してそれだけではない。学習状況を準備し，子どもたちの自立性を刺激し，一定の目標を達成できるような計画を行い，子どもたちの学習を支える対話を行う。さらには，遊びの状況の提供や，自立的な学習を促進するツールの使用，子ども同士での助け合いのあり方を教えることまでもが含まれている。子どもたちに応じて学習環境をトータルにデザインし，支えることで，子どもたちが表1のような学習ができるようになることが目指されているといえる。差異化された課題の提供だけで個別化・個性化教育が行えるわけではないのである。

(2) コース学習とワールドオリエンテーション

本節では，先に紹介した教育学的状況のコース学習とワールドオリエンテーションについて取り上げる。

まず，コース学習についてである。コース学習とは，知識や技能の訓練・練習のために設定される時間である[15]。そこでは，子どもたちが新しい教育内容を学べるよう教師からインストラクションが行われる。イエナプランスクールでは，ブロックアワーの時間が設けられており，子どもの自立的な学習が促されていたが，それは教師が何も教えないことを意味するわけではないことがわかる。コース学習には，導入コース，トレーニングコース，選択コースなどがある。導入コースは低・中学年向けのコース（低学年は概ね4〜6歳，中学年は概ね6〜9歳）で，学習教材に自立的に取り組めるようになることが目指される。トレーニングコースは，中・高学年（高学年は概ね9〜12歳）向けのコースで，知識や技能の習得が目指される。特に算数・数学や言語教育の読みで行われる長期コースと，地図の使用・地図の知識，算数・数学の中でも後述のワールドオリエンテーションと結びつきやすいグラフ・測定・幾何学などの分野，芸術的技法，コンピュータの使用などを取り扱う短期コースとがある。長期コースは，差異化した習熟度別（niveaucursus）で実施されることが多く，特に算数はこうしたかたちで行われやすい。とはいえ，できるだけ学習は基幹

グループと呼ばれる異年齢学級で行うことが推奨されており，基幹グループを超えてコース学習を行うのは高学年のみ，かつせいぜい1〜2科目までとすべきであるとされている。また，なるべく子どもたちの様子に基づいて必要なときに「機をとらえた指導」をすることや，なるべくコース学習よりも機能的にワールドオリエンテーションの活動や内容で学べるようにすることが推奨されている。選択コースは，子どもたちの自分らしい専門性を発達させることを志向している。例えば，芸術的技法，写真と現像，ドイツ語，天文学などを子どもたちが深めることが目指される。選択コースの目標は，すべての子どもが何らかの特定の領域の専門家となり，学校全体のために共に取り組むことである。

　なお，これらのコース学習で行われるインストラクションには，次のような工夫もある。例えば，コース学習は子どもが新しい教育内容を学べるように実施されるものではあるが，常に教師が教えて練習させるものではなく，まず子どもに取り組ませてから解決方法を話し合うという逆の順番も想定されている。さらに，インストラクションは相互作用的な性質をもち，多くの場合「教師と小グループの子どもたちとの学習対話」と「子ども同士のパートナー学習」とを組み合わせて実施される。このように，コース学習においても，導入コースでの自立的に学べる支援，トレーニングコースでの習熟度別指導やインストラクションの工夫，選択コースでの子どもたちが自分に合う専門性を発達させる場の提供などに，個別化・個性化教育の考え方が反映されていると捉えられる。

　最後に，ワールドオリエンテーションである[16]。ワールドオリエンテーションは，イエナプランスクールの主要目標とされ，教育あるいは教育内容の中心，ハート（hart）とされる。ワールドオリエンテーションでは，経験したり，発見したり，探究したりすることが重視される。そこでは，子どもたちが広い意味（認知的かつ感情的）で世界のあらゆる側面を「知る」こと，世界でくつろぐこと，世界についての考えを形成することを学ぶよう支援される。それにより，子どもたちは，自分自身や他者，世界との「関係（relaties）」の中で生きること，関係について考えることを学ぶ。学ぶ内容としては，7つの経験領域が設定されている。それは，「巡る1年」「環境と地形」「作ることと使うこと」

「技術」「コミュニケーション」「ともに生きる」「私の生」である。これらに時間的視点，空間的視点を加えたワールドオリエンテーションのカリキュラムが開発されている。ただし，必ずしもそれだけにとらわれずに，子どもの問いに基づくオープンな形での取り組みを実施する場合もある[17]。

　ワールドオリエンテーションは先述したブロックアワーやコース学習と切り離されて実施されるわけではない。ブロックアワーでは，特に中・高学年では，ワールドオリエンテーションの学習を子どもたちが進めることがある。また，コース学習とワールドオリエンテーションとの関係については，コース学習で学んだことはできるだけ早くワールドオリエンテーションで活用することが求められている。ペーターセンは教科内容等を学ぶコース学習について，「畑（＝ワールドオリエンテーション）を耕すための道具」と呼んでいたとされ，コース学習はあくまでツール（instrumenten）であるとされている。

　このようにワールドオリエンテーションでは，特定のテーマに即して子どもが経験，発見，探究しながら，自分や他者，世界との「関係（relaties）」の中で生きること，関係について考えることを学ぶことが重視されており，個人が意味を発見するプロセスが大切にされているといえるだろう。一方で，教科学習とワールドオリエンテーションの結びつきは重要であるものの，教科内容等を学ぶコース学習をあくまで「道具」と割り切ってしまうことが，教科学習の軽視につながらないかについては留意が必要といえるだろう。

❺　まとめと得られる示唆

　本稿では，イエナプラン教育における教育理念，個別化・個性化教育の定義，教育実践の概要を検討してきた。これらを振り返りながら，得られる示唆を導出してみたい。

　まず，イエナプラン教育では「人間教育」という考え方が一つの鍵になっており，個別化・個性化教育も「人間教育」の考え方に立脚していた。こうした視点が抜けた「個別最適な学び」は，ともすると矮小化された学力の認知的側

面の差異だけを強調することになりかねず，むしろ「人間の何か本質的なもの」
を失わせる方向に機能する危険性も懸念される。個別化・個性化教育は，個を
大切にすることを基盤にした共生教育として実施されることで，その良さが発
揮されると考えられる。

　次に，イエナプラン教育の個別化教育では，個人の可能性や特性に合わせる
ために個を中心とした学習・評価を行うこと，個性化教育では，子ども一人一
人のユニークさを考慮し，個人が自分らしく意味を発見するプロセスが重視さ
れていた。学習方法や課題の差異化にとどまらない個の発達・進歩・成長をトー
タルに見つめる個を中心とした学習や評価の視点や，興味関心を生かすことに
とどまらない子ども自身が自分らしく意味を発見しながら学べるようになると
いう視点は重要であるといえよう。

　最後に，教師の専門性・自律性についてである。イエナプラン教育では，子
どもの仕事（学習）のために，教師には，ブロックアワー，コース学習，ワー
ルドオリエンテーションの相互関係を含め，子どもたちに応じて学習環境をトー
タルにデザインし，支えることが求められていた。いずれの仕事（学習）に
おいても，自己実現および他者のために行うという考え方に立脚しつつ個別
化・個性化教育の視点が含まれていた。AIではない，人間性をもつ子どもを
丸ごと捉えることのできる教師だからこそできることである。教師がこうした
専門性を発揮するためには，教師の自律性は当然必要となるといえる。オラン
ダのイエナプランスクールでもICTは使われるが，ICT環境を整えて差異化した
課題を与えて管理すれば事足りるという発想とはかけ離れているといえる。

　なお，教師の自律性が尊重されているとはいえイエナプラン教育の人間観に
立ち返れば，教師は個業化して個別に取り組むわけではなく，互いの自律性を
尊重しつつ共に取り組むことが推奨されているといえる。また，本稿では十分
扱えなかったが，教師が自律的に取り組むためには学校の自律性を担保してお
くことが合わせて重要であろう。

　以上のような教育理念・教育実践のあり方は，子どもたちを分断し，「最適」
と思われる課題に無思考に取り組む子どもを生み出さないための示唆となるだ

ろう。ただし，個を重視することが目標設定や教科学習の軽視につながらない
よう留意が必要であろう。人間教育の理念を真に実現するためにも，そこでの
教科内容の役割を再考することが一つのヒントになるように思われる。

注

1）武田緑（2022）「『個別最適化』とオルタナティブ教育の重なりとズレ」ネットワーク編集委員会編『授業づくりネットワーク』No.40，pp.34-39.

2）ペーター・ペーターゼン著，三枝孝弘，山﨑準二著訳（1984）『学校と授業の変革―小イエナ・プラン』明治図書出版.

3）ミーズケス（Mieskes, H.）というペーターセンの元同僚の取り組みから影響を受けている（Both, K. Over de Basisprincipes Jenaplan［https://www.jenaplan.nl/userfiles/files/2018/Geschiedenis%20van%20de%20basisprincipes.pdf］（2022.04.18 確認））.

4）「養育（opvoeding）」とは，「教育（onderwijs）」より幅広い文脈で，子どもの成長・発達に対する影響を捉えようとする概念であるといえよう。家庭で子どもを育てる文脈等で使われることが多い。

5）Both, K. op. cit. ; Boes, A.（1990）*Jenaplan, historie en actualiteit*, Hoevelaken: L.P.C., pp.70-73.

6）アメリカで無学年制の学校を提案したグッドラッド（Goodlad, J.）やアンダーソン（Anderson, R.）の影響を受けている（J・H・グッドフッド，R・H・アンダーソン著,平塚益徳序,柴沼晋,柴沼晶子訳（1968）『学校革命―無学年制による改造』明治図書出版.

7）Both, K. op. cit.

8）第1案は全学校での議論を経て修正され，第2案は委員会で評価され，NJPV の一般総会で採択されたのは第3案であった。さらに，当時，基本原則は10年ごとに再度議論され，必要に応じて修正，発展させることも決められた.

9）NJPV webpage［https://www.jenaplan.nl/userfiles/files/2018/basisprincipes.pdf］（2022.04.30 確認）

10）Boes, A. op.cit., pp.74-76.

11）リヒテルズ直子（2019）『今こそ日本の学校に！イエナプラン実践ガイドブック』教育開発研究所. などを参照されたい。

12）Both, K.（2011）*Jenaplan 21,* Zutphen: NJPV, pp.98-102.

13）共同体のための仕事（学習）とは，片付けや掃除などの管理および学校祭などのイベントへの参加を意味している。

14）NJPV webpage［https://www.jenaplan.nl/userfiles/files/Checklist_Zelfonderzoek_zelfstandig_werken.pdf］（2022.04.30 確認）

15）Both, K.（2011）op.cit., pp.98-102.

16）Boes, A. op. cit. , pp.54-62; Both, K., op. cit., p.54, pp.119-124.

17）Velthausz, F.（2012）"Stamgroepwerk", *Mensenkinderen*, jg.28, nr.2, pp.4-6.

4　教育データサイエンスと教師の自律

宮城教育大学　**田端　健人**

❶　教育データサイエンスは教師を自由で自律的にする

　このテーゼは事実記述ではなく，倫理的要求である。教育データサイエンスはあらゆる学術と同じく，善にも悪にも利用できる。教師を自由にし，自律的にするような教育データサイエンスであらねばならない。「教師」の部分を「子ども」に入れ替えてもよい。これは教育研究だけでなく，教育行政や学校・学級運営，マスコミ報道などあらゆる局面で要求される倫理性である。

　2021年10月国立教育政策研究所に「教育データサイエンスセンター」が開設され，翌2022年1月7日にはデジタル庁，総務省，文部科学省，経済産業省が共同で「教育データ利活用ロードマップ」を発表した[1]。その直後「教育データ一元化でツイッター炎上，政府が描いたロードマップの真意」[2] といった記事がネット上に踊った。政府が学習履歴など個人教育データを一元管理するのではないかと恐れての批判コメントが，Twitter上で多く投稿されたことを受けての記事である。そこで政府は，Q&Aを追加発表し，政府が個人データを一元管理することは「全く考えておりません」と強調した[3]。

　不安を煽るつもりは毛頭ないが，理解に苦しむのは，各自治体や関係機関などによる「分散管理を基本」としながら，個人の多様なデータを「連携」させ「分野横断的に最大限に活用」するという構想である[4]。ここで，一元化するのは当然政府である。つまり，すべての個人情報が政府に筒抜けなのである。接続されるデータは，学習履歴やテスト得点だけでなく，健康履歴，体力履歴，保護者の勤務先や収入など，多岐にわたる個人情報である[5]。

　しかし各種個人データの一元化は急に降ってわいた施策ではなく，すでに実

施している自治体もあり，そのデータベースを基にした調査研究も発表されている[6]。データの一元化とはタイプを異にするが，身近なところでは，自治体が実施する学力調査も進化し，その扱いには高い倫理性が求められている。例えば埼玉県では「埼玉県学力・学習状況調査」という，小4から中3までを対象とした，IRT（項目反応理論）で設計された経年で個人の学力の伸びが測定できる調査を先行実施している。同様の調査を取り入れる自治体も増えているが，自治体や学校に返却されるデータセットの中には，前年度の学級で伸びた児童生徒が何パーセントかが明記されており，個人と学級の学力の変動を精度良く把握できる一方，管理職側には人事評価に流用しない倫理が求められる。

　データの質の向上，量の増大，種類の増加，多種類データの一元化は，関係者すべてにとって，毒にもなれば薬にもなる大きな力を秘めている。個人データの一元化など危ないことはやめろと反対するのも一つの選択肢であろう。しかし筆者は，賛成反対の二者択一とは異なる第三の道を歩みたい。毒が薬として働く危うい稜線を歩んでみたい。

　では，どうすれば諸データを薬として利活用できるだろうか。そのためには，当のものごとをよく知ることである。特定の専門家や行政官だけでなく，教育の研究者や実践者がデータをよく理解し，分析し，諸データを薬として利活用するスキルを磨くことである。データ分析を専門家だけに任せるならば，教育の研究者や実践者は専門家の分析結果を鵜呑みにするしかなく，データ分析の権威に従属せざるを得ない。教育の研究者や実践者がデータ分析の主体となってはじめて，そうした従属関係から自由になり，子どもや教師に自信と勇気を与えるようデータを利活用できる。そのためにも，教育方法学の一隅に教育データサイエンスが必要ではないだろうか。

❷「データサイエンス」とは何か？

　「データサイエンス」という日本語は，一般に使われはじめてからまだ6年ほどしか経ていない初々しい言葉である。『広辞苑』第6版（2008年）には記

載がなく，第7版（2018年）にな
って登場する。この言葉を，朝日
新聞の記事データベース「聞蔵Ⅱ
ビジュアル」[7] で検索すると，
2021年末までの検索数は180件に
なる（最終閲覧2022.01.19）。これ
を年ごとにグラフ化すると**図1**に
なる。朝日新聞の記事では2015年

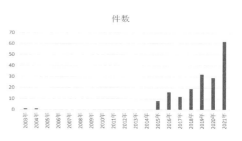

件数

図1　聞蔵Ⅱでのヒット件数（田端がグラフ化）

から使われはじめ，2021年に使用例が急上昇している[8]。

　もとの英語「Data Science」はどうだろう。3,000万冊をデータベースとする
Google Ngram Viewer [9] で，この語と，意味が近くいっそう古くから使われて
いると思われる「Computer Science」を検索してみると**図2**の結果となる。Data
ScienceはComputer Scienceよりも使用頻度が圧倒的に少ない。頻度が上昇しは
じめたのは2012年ごろからである。英語圏でも広がりはじめてまだ10年とい
ったところで，現在も広く普及しているわけではない。

　言葉の使用頻度からもわかるように，「データサイエンス」という領域は「新
しい分野」であり，「まだ完全な定義はない」といえる[10]。簡にして要を得た
定義は，「データサイエンス」とは「コンピュータサイエンスと統計学から産
まれた子ども」であり，「統計的，コンピュータ的，人間的」の3つを「決定
的な構成要素」とするものである[11]。データサイエンスで扱う「データ」と

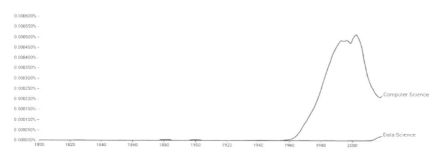

図2　Google Ngram Viewer による検索結果

は何かも難問だが[12]，データサイエンスの「データ」は，3つの構成要素から
すると，コンピュータで扱える電子データに限定される。電子データをコン
ピュータで統計処理することがデータサイエンスの基本である。

　しかし，この統計処理は完全には自動化できないため，「人間的」要素が不
可欠となる。Bleiらは「コンピュータを利用した現代の統計ツールを，現代科
学の問いに適用するには，人間による意味に満ちた判断と，訓練を積んだ深い
知識とが必要である」と述べている[13]。どのような問いを立て，どのように
データを収集・分析・可視化するかは，分析主体の判断や知識に依存する。行
政と厳しく対峙し教育実践現場と深く切り結んできた教育方法学研究者には，
この領域で研鑽を積んだ独自の深い知識があり，他領域の研究者にはできない
データサイエンスが可能なはずである。

　教育データサイエンスで扱うデータは主に，学力データ，質問紙調査等で得
られる非認知能力データや所帯収入データ，体力データ，言葉データ，生態デー
タなどである。子どもの書いた文章や話した言葉などの言葉データも，形態素
解析などコンピュータで統計的に分析すれば，データサイエンスになる[14]。

　では，教育データサイエンスは，どのように教師を自由にし自律を促すだろ
うか。その可能性は未知数である。以下，筆者の分析例をいくつか紹介し，読
者の批判を仰ぎたい。

❸　子どもの可能性を証明するエビデンス

　本節では教育データサイエンスが，子どもの可能性を証明するエビデンスに
なりうることを筆者たちの2つの調査結果から述べたい。1つ目は，すべての
子どもが学力や言語力を伸ばしているエビデンスを示すことで，能力を固定的
にみる先入観から教師や保護者や市民を自由にする試みである。「子どもが悪
いのではない」[15]「どの子どももがみな，無限に自分を伸ばしていく欲求と可
能性を持っている（原文ママ）」[16]とは斎藤喜博の言葉だが，カリスマ教師を
好まない人々にはきれいごとに聞こえるだろう。しかしこの言葉を斎藤が声高

に言わなければならなかった理由は，教育界には「『できる子とできない子』『よ
い子と悪い子』というように，子どもを固定的に区分けし位置づけようとする
考えがある」[17]からである。その状況は今日でも変わりない。

　この先入観が払拭されない要因の一つは，子どもの学力が経年でどの程度変
動するかのパネルデータが日本にはこれまでほとんどなかったからである。

　筆者たちの研究チームはある自治体の協力を得て，小1～中2まで約100名
の全国偏差値8年分の匿名データの貸与を受け，8年間の学力を追跡した。個
人ごとに8年間の偏差値の平均をとり，その平均で最上位から最下位までを並
べ，最上位群，上位群，下位群，最下位群の4群に分け，各児童生徒の8年間
の偏差値の変動幅（最大値―最小値）を群ごとに箱ひげ図で可視化したのが図
3である。縦軸は偏差値の変動幅である。最上位群の変動幅の中央値が最も低
いが，それでも中央値で偏差値にしておよそ10（＝1シグマσ）動いている。
群の順位が下がるにつれ，変動幅の中央値は上がっている。これは学力が低い
子どもほど，学力の変動が大きいことを意味している。国語の偏差値で24.8ポ
イントもの変動があったある子どもの8年間の最低偏差値は33.5，最高偏差値

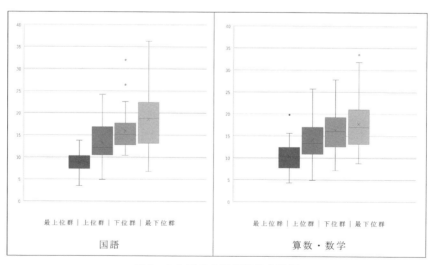

図3　8年間の全国偏差値変動幅

は58.3であった。低中高学力層ともにこれほど変動するのだから，子どもの学力レベルを決めつけてはいけない[18]。

　筆者たちは，教職大学院の現職派遣院生にも初歩的なデータサイエンスを推奨している。ある現職派遣中学教師は，全県で実施される実力考査と校内で実施する定期考査との相関が高いことを実証したうえで，定期考査の学内偏差値を中1〜中3まで3年間追跡した。その結果，最上位群，上位群，下位群，最下位群いずれも偏差値変動の中央値が「15前後」であるとのエビデンスを得，「高止まりや低止まりしている生徒は，ごく一部の生徒のみである」と結論づけている[19]。この教師は，「周りの先生たちも生徒の学力がこんなに動くことを信じてくれたら，生徒の学力はもっと良くなる」と実感を込めて語った。

　2つ目の調査分析として，筆者は小学2年生のあるクラスの1学期と3学期の書き言葉（「めあてカード」と呼ばれる自分の目標を書いたシート）を形態素解析し，延べと異なりの形態素数について，配慮を要する子どもの伸びがクラスの中でも相対的に大きいことを可視化した[20]。書ける分量が増え，語彙も豊かになったというエビデンスである。詳細は拙書を参照いただきたい。

　教育データサイエンスを進めていくと，児童生徒は身長を伸ばすように学力や言語力を伸ばしているエビデンスがいくつも出てくる。今後，教育データサイエンティストが増えるなら，そのエビデンスは加速度的に増加するだろう。

❹　学力と社会経済的状況（SES）との相関関係

　教育関係者や市民一般が子どもの学力を固定的に見る先入観を助長している要因の一つに，「家庭環境」，専門的には「社会経済的状況（SES）」と学力との相関関係がある。その相関については，教育社会学者から多くのエビデンスが出されている。全国学力・学習状況調査の補完調査「保護者に対する調査」の分析も有名であり，世帯収入幅が100万円増加するごとに，児童生徒の平均正答率が1ポイントとか3ポイント上昇する一覧は，非常にショッキングである[21]。この結果は教師の実践感覚とも符合し，「あの子どもは家庭が…」とか「この

地域は…」という言説を現場でもよく耳にする。データ処理ができなければ，こうした研究結果をただ受け入れるしかない。しかしデータサイエンスが少しでもできれば，自分で確かめることができる。上記のケースで確かめたいのは，世帯収入別の生徒の平均正答率だけでなく，各世帯収入群のばらつき（標準偏差や分散）がどうなっているかである。世帯収入が低い児童生徒群の得点は，低いところに固まっているのか，それとも低から高までちらばっているのか。世帯所得の低群と高群とでは学力のちらばりに何か違いがあるのか分析可視化してみたい，というのが教育方法学徒の自然な関心ではないだろうか。

　文部科学省は全国学力・学習状況調査の匿名データを貸与している。筆者たちはその貸与を申請・承認され，2017（平成29）年度の保護者に対する調査をもとに，学力スコアと世帯収入レベルとの関係を箱ひげ図により可視化した。

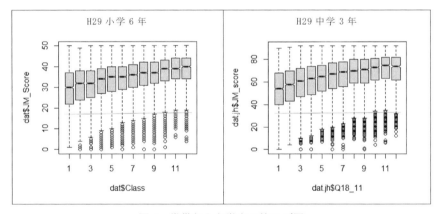

図4　世帯収入と学力の箱ひげ図

　図4の縦軸は国語と算数・数学の正答数を合計した学力値である。横軸の「1」は世帯収入200万円未満，「2」は200〜300万円，「3」は300〜400万円と同じ刻みで上昇し，「10」で1000〜1200万円，「11」が1200〜1500万円，「12」が1500万円以上となる。可視化して驚いたのは，世帯収入低群でも，満点まで上の「ひげ」がほぼ伸びており，高得点の児童生徒もいることである。当た

り前といえば当たり前だが，データ分析しなければ憶測の域を出なかった知見である。

　もう一つ判明したのは，世帯収入が上がるにつれ，下の「ひげ」の最低値が徐々に上がっている点である。世帯収入上位群にも確かに学力が低い児童生徒がいるが，統計的に処理すればそれは次第に外れ値になっている。目安のため，世帯収入上位群の「ひげ」の最小値あたり（小6は17，中3は35あたり）に横棒の補助線を引いた。世帯収入が低い群でこの線より下の児童生徒は，もしも世帯収入が高水準にあれば，少なくともこの線くらいの正答数に達したかもしれない，と憶測したくなる結果である。

　では，世帯収入と学力との相関係数はどのくらいなのか。「相関係数」とは，一方の数値が増加すると，もう一方が増加または減少するような，2つの数値の関係の強弱の指標である。-1.00から1.00までの値をとり，数値の目安（基準値）としては，絶対値にして0.00以上0.20未満は「相関無し」，0.20以上0.40未満で「弱い相関あり」，0.40以上0.70未満で「中程度の相関あり」，0.70以上1.00以下で「強い相関あり」となる。

　令和3年度に文部科学省は，児童生徒質問紙調査でSES（家庭の社会経済的状況）の代替指数となる家庭の蔵書数を質問し，その相関係数を公表している。それによるとSESと小6国語との相関係数は-0.23，小6算数とは-0.25，中3国語とは-0.22，中3数学とは-0.20である[22]。以上の結果からSESと学力には弱い相関が認められる。また，相関係数を二乗した値を「決定係数」といい，説明変数（SES）が目的変数（学力）のどれくらいを説明（予測）できるかを表す値となる。算数とSESの相関係数-0.25の二乗は0.06となり（1.00に近いほど説明力が高い），SESは算数の学力の6％しか説明（予測）しないことがわかる。

　質問項目と学力との相関係数をみると，0.20ほどの弱い相関なら，他にもいくつも見受けられる。例えば，中3では「1，2年生のときに受けた授業で，自分の考えを発表する機会では，自分の考えがうまく伝わるよう，資料や文章，話の組み立てなどを工夫して発表していましたか」の質問項目との相関係数は，国語で0.23，数学で0.27である。また「1，2年生のときに受けた授業では，課

題の解決に向けて，自分で考え，自分から取り組んでいましたか」との相関係数は，国語で0.25，数学で0.32もある。学校でこれらの課題にしっかり取り組むほど，学力が高いという結果であり，考え方によっては，これらの課題への取り組み次第で，SESによる不利を挽回できるとの仮説も成り立つ。

　以上のように，データを主体的に収集・分析・可視化し，複数のエビデンスを重ね合わせることで，学力を固定的にみる先入観を揺さぶり，児童生徒の可能性や，SESによる不利な状況を克服する学校の可能性などがみえてくる。

❺　学力と非認知能力と学校の取り組みの相関関係

　非認知能力（社会情動的スキル）は，学力スコアからはみえてこない児童生徒の人間性や社会性に関わる重要な力である。非認知能力は測定できないとの説もあるが，OECDは「社会情動的スキルの測定は困難であるが，信頼性をもって実施できる」と結論づけている[23]。学校でどのような取り組みに力を入れると，非認知能力を高めることができるだろう。非認知能力はどのくらい学力と相関するのだろう。こうした関係がある程度わかるなら，学校での効果的な取り組みの方向性を見定める一助となるだろう。

　そこで筆者たちは，令和3年度全国学力・学習状況調査の貸与データを活用し，非認知能力の指標となる合成変数を作成し，対話活動の合成変数，探究学習の合成変数，家庭の学習時間の合成変数も加え，それらと学力やSESとの相関係数を計算し，無料計算ソフト「R」で一覧化してみた（図5）[24]。紙幅の都合から中3のみ掲載する。小6もほぼ同じ結果である。図5の左上から右下にかけての対角線で，「JH_Jpn」は「中3国語スコア」，「JH_Math」は「中3数学スコア」，「SUM_Jpn_Math」は「国語数学合計スコア」，「NonC」は「非認知能力合成変数」，「Dialg」は「対話活動」，「Inqr」は「探究学習」，「HW」は「家庭学習時間」，「SES」は「社会経済的状況」を表している。

　まず国語と数学がぶつかるセルの0.68を見てほしい。この値は国語と数学の相関係数である。SESと国語の相関係数0.22より圧倒的に大きい。その二乗値

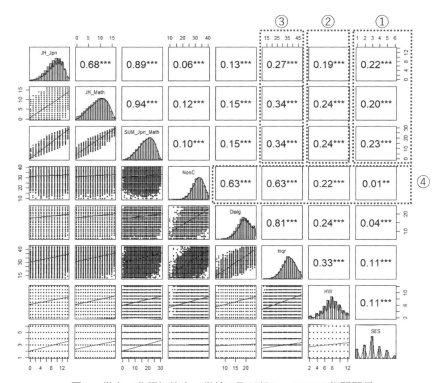

図5 学力・非認知能力・学校の取り組み・SESの相関関係

は0.46なので，国語学力は数学学力の46％を説明する。

　次に**図5**右上①の点線囲みを見てほしい。SESと学力との相関係数である。これは文部科学省の分析結果と整合的である。②の点線囲みは家庭学習時間と学力との相関係数である。SESと比肩する値になっている。③の点線囲みは，探究活動と学力との相関で①の点線囲みで示したSESの結果を上回る値になっている。このことから家庭学習や探究学習を充実させるなら，SESのハンディを学校が乗り越える可能性は十分あると考えられる。

　④の点線囲みは非認知能力との相関である。値を見ると0.01であり，SESとの相関はない，つまりSESが低いからといって，自己肯定感ややり抜く力，挑戦心，他者との協調性などが低いわけではないことがわかる。生徒の非認知能

力はSESとは別の要因に影響されているといえよう。次に対話活動や探究学習との相関係数をみるといずれも0.63である。この結果から，これらの活動や学習が生徒の非認知能力を育てると推測できる。家庭学習とも弱い相関がある。こうしたエビデンスは，生徒や教師に自信や希望を与えないだろうか。

　紙幅が尽きてしまったが，筆者たちのチームは，全国学力・学習状況調査のテスト精度を経年でデータサイエンスを用いて検証し，問題数が減少した平成31年度と令和3年度はテストの信頼性にやや難があると問題提起し，文部科学省関係者にも伝えている25)。国や自治体と批判的・建設的な関係を築くためにも，教育データサイエンスは力を発揮するだろう。

　以上のように教育データサイエンスは，研究者と実践者をデータの収集・分析・可視化の主体にする。私たち教育関係者がデータサイエンスの初歩を身につけるだけで，自分たちがもつ子どものデータをハンドリングし，子どもたちの成長や自分たちの働きかけの効果を数値で知ることができ，データ知と実践知を融合できるようになる。影響要因の相関や効果量を知ることで，効果的な働きかけを自分たちでみつけることもできる。またデータをよく知るようになれば，民間業者による分析とフィードバックの問題点にも気づき，改善を求めることもできる。筆者が属する教職大学院では，現職教員が勤務校のテスト結果を率先して分析し，児童生徒の成長や課題を洗い出し，効果的な取り組みに活かしている。自分たちの研究授業や学級経営や校内研修の効果の可視化を創意工夫し，成果を上げている。こうした動きが今後さらに広がり，ネットワーク化されることを願っている。

　近代の幕開けに科学が教会の権威から人間を自由にしたように，教育データサイエンスもまた教育関係者を偏見や権威から自由にする真の科学になることをめざしている。「知は力なり（scientia est potentia）」である。

【付記1】本稿は，科学研究費補助事業，基盤研究B「グローバル世界を視野とする学力・非認知能力の効果的学校モデル」（研究代表：田端健人）（課題番号：20H01667）の研究成果の一部である。

【付記2】図3を含む自治体貸与のデータの分析成果公表については，当該自治体教育委員会にチェックしていただき，公表許可を得ている。

【付記3】全国学力・学習状況調査の匿名個票データを利用した分析については，文部科学省が定める公表ガイドラインに沿って公表の許可を得ている。

注

1) デジタル庁，総務省，文部科学省，経済産業省（2022）「教育データ利活用ロードマップ（令和4（2022）年1月7日）」https://www.digital.go.jp/assets/contents/node/information/field_ref_resources/0305c503-27f0-4b2c-b477-156c83fdc852/20220107_news_education_01.pdf（2022年7月22日閲覧）.

2) 例えば「日経BP」2022年1月13日のネット記事を参照。https://xtech.nikkei.com/atcl/nxt/column/18/00001/06453/（2022年7月22日閲覧）.

3) 「教育データ利活用ロードマップ（令和4年1月7日デジタル庁，総務省，文科省，経産省）に関するQ&A」p.1, p.6, p.9. 以下「Q&A」と略記。1https://www.digital.go.jp/assets/contents/node/basic_page/field_ref_resources/49ec18ff-53cd-4cae-b848-37318df88506/20220107_news_education_03.pdf（2022年7月22日閲覧）.

4) Q&A, p.4, p.8, p.9, p.11.

5) Q&A, p.11.

6) 日本財団（2018）「家庭の経済格差と子どもの認知能力・非認知能力格差の関係分析―2.5万人のビッグデータから見えてきたもの―」https://www.nippon-foundation.or.jp/app/uploads/2019/01/wha_pro_end_07.pdf（2022年7月22日閲覧）. この研究は「箕面市子ども成長見守りシステム」を利用しており，このシステムは「0～18歳の子どもを対象に，福祉行政や教育委員会といった箕面市の各部局が保有するデータに加え，市内の学校が保有する学力テストや，生活習慣等に関するアンケートの結果が統合されたデータベース」（同書，p.6）である。

7) https://database.asahi.com/index.shtml. なお聞蔵IIシリーズは大学・公共図書館など法人向けの有料サービスで，利用するには契約が必要である。

8) ちなみにCiNiiで検索すると，2021年までで1,470件ヒットする（最終閲覧2022.01.19）。1999年に使用例があるが，年間の使用例が50件を超えるのは，2014年以降である。2019年から使用例が200件を超え，以後急上昇している。

9) https://books.google.com/ngrams/. このサービスは誰でも無料で利用できる。

10) Skiena, S.S. 著，小野陽子監訳，長尾高弘訳（2020）『データサイエンス設計マニュアル』オライリー・ジャパン，p.1.

11) Cf., Blei, M. D., & Smyth, P.（2017）"Science and data science" *Proceeding of Natural Academy of Science*, 114（33）, pp.8689-8690.

12) 「データという語の使用は5世紀目を迎えているが，合意された定義はいまだに

得られていない。」（ボーグマン，C.L. 著，佐藤義則・小山憲司訳（2017）『ビッグデータ・リトルデータ・ノーデータ―研究データと知識インフラ―』勁草書房，p.33.）

13）Blei & Smyth（2017）p.8690.

14）例えば，田端健人（2021）『子どもの言葉データサイエンス入門―形態素解析システム jReadability の活用と検証―』パイデイア出版を参照。

15）斎藤喜博（1983）『斎藤喜博全集 4』国土社，p.5.

16）斎藤喜博（1983），p.272.

17）斎藤喜博（1983），p.272. ちなみに斎藤は，島小学校の教師たちは「農村である島村の子どもの学力を，六大都市の子どもの学力を越えるところまで高めていった」と自負している。斎藤にとっても，学力は，教育効果を評価する一つの指標だった。

18）さらに詳しくは，田端健人（2022）『IRT 分析ソフト EasyEstimation による全国学力・学習状況調査の検証と経年変化』パイデイア出版，附録 2 の 11 章を参照いただきたい。

19）半沢裕太（2020）「中学校における定期考査と実力考査を活用した学力の経年分析」『宮城教育大学教職大学院紀要』第 2 号，p.142.

20）田端（2021），第 7 章参照。

21）国立大学法人お茶の水女子大学（2018）「保護者に対する調査の結果と学力等との関係の専門的な分析に関する調査研究」，p.13 参照。https://www.mext.go.jp/a_menu/shotou/gakuryoku-chosa/1406895.htm（2022 年 7 月 22 日閲覧）

22）国立教育政策研究所の以下のサイトのページ下部「相関係数（児童質問紙―教科）全国【表】」で小学校の分析結果がダウンロードできる。https://www.nier.go.jp/21chousakekkahoukoku/factsheet/primary.html（2022 年 7 月 22 日閲覧）中学校の分析結果は，以下のサイトからダウンロードできる。https://www.nier.go.jp/21chousakekkahoukoku/factsheet/middle.html（2022 年 7 月 22 日閲覧）いずれも質問番号 22 の相関係数を見てほしい。

23）経済協力開発機構（OECD）編著，ベネッセ教育総合研究所企画・制作，無藤隆・秋田喜代美監訳（2019）『社会情動的スキル―学びに向かう力―』，明石書店，pp.56-59 参照。

24）非認知能力の合成変数は，質問項目 6 〜 16 のスコア合計，対話活動の合成変数は質問項目 31，36，39，40，41，42 のスコア合計，探究活動の合成変数は質問項目 33，34，38，39，40，42，47，50，56，57，58 のスコア合計，家庭学習時間の合成変数は質問項目 18 と 19 の合計スコアである。各合成変数の信頼性を担保するためにクロンバックのα係数を計算し，各変数とも 0.7 以上あることを確認している。図 5 は，偶然的な理由から，「日本語をいつも話している」と回答した児童生徒（匿名データ約 10 万件の 90％）を対象とした。

25）田端（2022）を参照いただければ幸いである。

5　教師教育改革の動向と教師の自律性

大阪教育大学　**木原　俊行**

❶　教師教育改革の全体的動向

　2000年以降の教師教育改革は，教職の専門職化を目指すものであった。関係者は皆，教職が専門職であることを前提にして，あるいはそれを求めて「専門職化」を旨とする改革を標榜してきた。しかしながら，教職のどのような側面を重視して専門職化を確かなものにし，それを強化するのかについては，意見がわかれる。例えば，佐藤による教師像の分類によれば，技術的熟達者と反省的実践家という2つの専門職化の方向性が示されている[1]。前者は，教師の「科学的な原理と技術の習得」を標榜するものである。後者は，「実践場面における省察と反省を通して形成され機能する実践的な知見と見識」を教師に求めるものだ。また，それをどのようなプロセスで実現させるのかに関しても，いくつかのアプローチが考えられるし，実際に試みられてきた。模索を経ても，その解は未だ見出されておらず，現在も教師教育改革は複雑な状況を呈し，混沌としている。本小論ではまず，教師教育改革の全体的動向を，専門職化に関わるいくつかのキーワードで整理し，教師の自律性の問題を検討する礎を築いておきたい。

（1）高度化

　2000年以降の教師教育改革，とりわけ就職前教育の教員養成改革には，「高度化」という用語が頻繁に登場する[2]。それはまず，教職に関わる学位のアップグレードとして認識できる。周知のとおり，日本は戦後，大学における教員養成を展開するようになった。しかしながら，欧米の少なからずの国で，教員になるためには，大学院修士課程程度における学修が必要とされるようになっ

ている3)。それを追うべく，日本でも2009年度に，専門職大学院である教職
大学院が制度化され，専門職化を学位によって図るという高度化が進められて
きた。そしてこの傾向は，今なお続いている。各大学の教育学研究科の定員が
縮減され，教職大学院の定員に振り替えられている。

　ところで，教員養成改革における高度化については，水本がその深層に接近
している4)。それは，「コンテンツの高度化とプロセスの自由化」である。水
本によれば，教師教育でどのようなカリキュラムを通じていかなる資質能力を
育成するかは，教師教育のコンテンツの問題であるが，2000年以降の「教師
教育改革の環境は，文部科学省主導の教師教育コンテンツの高度化圧力と，新
自由主義に基づく教師教育改革プロセスの自由化を通じた市場的な競争圧力か
ら構成されていた」(p.24)。そして，その圧力のなかから，いくつかの教員養
成大学・学部でフィールド体験重視の教員養成カリキュラムや教員志望学生が
自己の成長を可視化するために用いるツールが，「大学・大学院における教員
養成推進プログラム（教員養成GP）」5)等を通じて開発されたと解説している。

　こうした図式は，今なお，変わっていない。私立大学の教員養成系の学部・
学科の創設は相次いでいる。また，いわゆる教員養成フラッグシップ大学の構
想や選定は，教員養成学部・大学の創造的な営みであると同時に，それに関す
る大学間の熾烈な争いでもある6)。

(2) 基準化・標準化

　今日，洋の東西を問わず，教職の専門職化は，その専門性の基準化を伴って
いる。それは米国やヨーロッパ諸国において始まり，日本はそれをフォローし
ている。小柳は，「2013年より，米国では教育的教員パフォーマンス・アセス
メント（Educational Teacher Performance Assessment: edTPA）が動き出している。
それは，アセスメント，学習，平等のためのスタンフォードセンター（Stanford
Center for Assessment, Learning and Equity: SCALE）が全米教員養成大学協会（the
American Association of College for Teacher Education: AACTE）とパートナーを
組み，開発した教員志望者の授業力等（Teaching Performance Assessment）をア
セスメントする評価の枠組みやその運用体制（27の教科や校種対応）を意味

している」（p.26）と，米国の当時の基準化の組織的展開を紹介している[7]。

　小柳によれば，専門性基準には，「①子ども理解系」「②授業設計・評価系」「③教科に関する知識理解系」「④職能成長系」といった内容に対して，それを細分化した項目が設けられる場合が多い[8]。また，1つの項目に対して，いくつかのステージやレベルが設定される。例えば，小柳が調査したオーストラリアの「全国専門職スタンダード」の場合には，「養成修了直後・新任（Graduate）」「教員一般（正規）（Proficient）」「熟達教員（High Accomplished）」「指導的立場に立つ教員（Lead）」というキャリアステージが定められ，ステージごとに同じ領域・項目であっても，その力点が異なっていた[9]。

　日本においても，2015年12月に，中央教育審議会の答申（第184号）「これからの学校教育を担う教員の資質能力の向上について〜学び合い，高め合う教員育成コミュニティの構築に向けて〜」において，上述した専門性基準を標榜した「教員育成指標」の策定の必要性が示された[10]。また，それを作成したり現職教員の研修計画に適用したりするための組織として「教員育成協議会」を設けることの必要性も述べられた。それ以来，多くの自治体で，大学等と連携しながら教員育成指標が策定され，それに応ずる教員研修が，教育センター等で企画・運営されている。教員研修の要項には，該当する教員育成指標の領域や項目やステージが示されており，研修実施時のオリエンテーションでは，研修目標・内容と教員育成指標の対応が参加者に説明されている。

　こうした基準化は，教員養成においては，教職課程コアカリキュラムの開発の形をとり「標準化」されている。これは，教育職員免許法施行規則に定められた各事項に関して，教員志望学生が習得すべき資質・能力を「全体目標」「一般目標」「到達目標」として明確化・具体化するものであり，「教職課程における教育内容について規定したもの」である[11]。筆者もそうであるが，教職課程の科目を担当する大学教員の多くは，教職課程コアカリキュラムが登場してから，こうした目標の達成を目指して，自身の講義内容・課題・方法・形式等をリニューアルした。

　ところで，教員養成を含む教師教育において，その資質・能力「基準」の意

味するものが教職パラダイムによって異なることがすでに指摘されている。高野が解説しているように，イギリス国内で2010年以降，教職基準が定められたイングランドとスコットランドでは，異なるスタンスで基準が構成されている[12]。両者の違いは，「イングランドでの基準は，教師が満たすべき最低要件を確立するための共通枠組みを提供してはいるが，教育を抑制したり制約したりする国のメカニズムの一部分となっており，一方，スコットランドでは，教師は探究的要素を含む，より広い，変革的な専門職性を適用するよう奨励されているため，基準が抑制・制約的であるようには見えない」（p.25）ことにある。

　教師教育改革における，こうした基準化や標準化に対しては，批判的な眼差しが向けられている。油布は，近年の教員養成改革の歴史を整理したうえで，教員養成に関わるスタンダード作成の問題点として，プロセスが性急であったこと，研究者集団の関与が薄かった点などを指摘している[13]。そして，「問題は教職課程コアカリキュラムや教員育成指標に示された行動のリストが到達目標としてチェックリスト化され，それが教職課程認定において実質的に大学シラバスや授業を監視する機能を果たすことが期待されている点，そしてマニュアル化につながりやすいという点にある」（p.169）と，その危険性を指摘している。

（3）システム化

　教師教育改革は，ここ数年，システム化とも呼べるテクノロジー志向も伴ってきている。例えば，教員養成においては，カルテやポートフォリオといった名称で，教職課程の科目に関わる学習履歴が電子化され，教員志望学生が，教職に就くための準備を点検できる環境が各大学等に導入されている。そして，それを用いて，教員志望学生と大学等の教員が対話することも求められている。

　また，現職教育については，コロナ禍を経て教員の学びのオンライン化が進展した。次節で詳述するが，研修履歴がデジタル化され，教員の学びを個別最適化するという志向性は強まりつつある。

　しかしながら，システム化についても，疑念は生ずる。例えば，教員養成の場合であれば，山﨑が述べるように，テクノロジーによって達成状況が可視化

されると，「学生たち自身による＜手づくりによる学び＞は衰退していくばか
りか，学生たちの＜制度化の外へ向かう学び＞の芽は事実上摘み取られ，皮肉
にも，将来子どもたちの主体性育成に関わることになる学生たち自身の主体性
そのものが次第に失われていく」（p.188）事態が起きる危険性が増すからだ[14]。

❷　日本における教師の学びに関する新しい課題

　教員免許更新制の廃止に向けて，教育公務員特例法および教育職員免許法の
一部を改正する法律案が2022年2月25日に閣議決定された。これにより，
2009年より導入された更新制度のための講習への参加や更新のための手続き
等は，教師にとって義務ではなくなった。
　これに先立って，2021年11月15日に催された，中央教育審議会「令和の日
本型学校教育」を担う教師の在り方特別部会（第5回）と初等中等教育分科会
教員養成部会（第126回）の合同会議においては，審議のまとめ案が呈され，
教師の学びに関する新たな方針が提案された[15]。審議のまとめ案には「『令和
の日本型学校教育』を担う新たな教師の学びの姿」というパートが設けられて
いる。そこでは，教師としての専門的な学びに関わる教師像，そのための教育
方法（教材，形態，環境等）に関して，次のような概念が提示されている。
　　○学び続ける教師
　　○教師の継続的な学びを支える主体的な姿勢
　　○個別最適な教師の学び，協働的な教師の学び
　　○適切な目標設定・現状把握，積極的な「対話」
　　○質の高い有意義な学習コンテンツ
　　○学びの成果の可視化と組織的共有
　　○デジタル技術の活用
　これらの提案は，細部は別にして，おおむね今日の教師像やそのための学び
として特異なものではない。例えば，「学び続ける教師」の解説の一部に「主
体的に学び続ける教師の姿は，児童生徒にとっても重要なロールモデル」とい

う叙述があるが，これは，佐藤が述べる「再帰性」という教職の特性[16]に該当するものであり，いわば教師教育研究の知見からすれば，自明といってもよい。また，「協働的な教師の学び」についても，教師を「専門的な学習共同体」のメンバーであると把握する考え方は，ずいぶん前から登場し，すでに市民権を得ている[17]。

　しかしながら，この審議のまとめの別のパートについては，教師教育関係者，あるいはこれを含む教育関係者の間で，意見がわかれ，物議を醸している。それは，「2.「新たな教師の学びの姿」の実現に向けて早急に講ずべき方策」の「ⅰ）公立学校教師に対する学びの契機と機会の確実な提供（研修受講履歴の記録管理，履歴を活用した受講の奨励の義務づけ）」において，次のように述べられたことである。

　　①任命権者や服務監督権者・学校管理職等が個々の教師の学びを把握し，教師の研修受講履歴を記録・管理していくこと，②教師と任命権者や服務監督権者・学校管理職等が，教員育成指標や，研修受講履歴等を手がかりとして，積極的な対話を行うとともに，任命権者や服務監督権者・学校管理職等が，キャリアアップの段階を適切に踏まえるなど，教師本人のモチベーションとなるような形で，適切な研修を奨励することが必要である。

　専門職である教師は，その職責に応じて，その取り組みに関して裁量権を有しているはずだ。その力量形成のための学びは他者に管理されるべきではない，自律的なものであるべきだ――こうした違和感を先の叙述に対して抱くのは，自然なことである。しかし教師の学びに関する，こうした「管理化」「統制化」と呼べるような動きは施策，すなわち教師教育のマクロレベルで強まっている。

❸　教師の自律性と学びの充実の教育方法学的検討

　上述したように，教師の学びに関する新しい動きにはそれぞれ疑念も生じているが，これらを教育関係者はどのように受け止めるべきであろうか。これに，影のみならず光を見出すことはできないのか。本節では，今日的な状況におけ

る教師の学びの充実の針路を，教育方法学的に検討したい。そのため本節では，教育方法学研究の固有性に着目する。それは，梅原による定義である，「教育方法学研究の固有の注目対象は，広くは教育の場面，とりわけて授業及び学校生活指導の場面において行われる，教育的働きかけ（教育技術）の構造と機能と効果について」対象化することを意味する[18]。これを礎として，筆者は，これまで整理してきたような教師教育改革に確認される「教育的働きかけ」，とりわけ，その構造が学び手の自律性という見地からどのように解釈しうるかを述べる[19]。

　さらに，「教育的働きかけ」の構造を考察するにあたって，本節の叙述では，筆者は，教職の再帰性を拡張し，教師の学びと子どもの学びが同型性を帯びるべきであることを考察の基本枠組みに据える[20]。すなわち，子どもの学びにとって大切なこと，必要なことは，基本的には教師のそれにも該当することを前提として，教師教育改革と教師の自律性の関係を把握する（ただし，2を受けて，教師教育改革のうち，現職教育である，現職教員を対象とするものに焦点化する）。

（1）制約があるがゆえの創造を

　第1節，第2節では一般的には，教師の学びに関する制約が強化されているという状況を確認できた。しかしながら，施策，例えば教員育成指標は，教育センターにおける教育委員会指導主事と教師たちの営為を完全には統制できない。それは，学習指導要領が定められていても，あるいは検定を受けた教科書を主教材として利用しなければいけないという条件があっても，各学校，各教室において，教師と子どもが創造的な実践を繰り広げていることからすれば，当然である。

　さらに踏み込んで考察すると，筆者は，マクロレベルで作成された基準は，たしかに管理・統制という性格を有しているが，同時に，教師教育が実際に営まれる舞台，すなわち学校や教育センター等のミクロレベルでは「制約があるがゆえの創造」を生み出す機能も有していると考える。もちろん，それ自体も時が変わり，状況が異なれば見直しされることが条件ではあるが，基準は，例

えば，教育委員会指導主事が教師たちに教育センターでいかなる研修を提供すべきかについて，当事者として省察し，学び手のためにその充実に努める機会を提供してくれる装置ともなりうるからだ。換言すれば，筆者は，現職教育の当事者である教育委員会指導主事も教師たちも，教師教育改革の負の側面や，影の部分を超克するエージェンシーを有するたくましい存在であると考える。「制約があるがゆえの創造」という教育的屈折を頼りにすれば，ミクロレベルでは，現在の教師教育改革と教師の自律性を矛盾なく接合することは可能である。

（2）調和的な学びを目指して

　子どもたちが学校で学ぶ対象，内容，方法は多岐にわたっている。それは，どの段階の学校園でも同様である。もちろん，本当に子どもがやりたいと願っていることだけに専念することを潔しとする教育観，それに基づく教育実践も存在するし，筆者は，その教育的可能性を否定するつもりはない。けれども，そうした場合であっても，学びが深まる過程で，当該学習者は様々な内容にふれ，異なる類いの活動に従事するのが通例であろう。こうした状況も含めて，子どもたちが調和的に学ぶことが価値深いとすれば，やはり，教師の学びもそうであってほしい。

　例えば教員研修の目標は，1単位時間の授業の成立のための指導技術から，教師らしい見方・考え方まで，さらには子ども観・授業観・教育観等の信念にまでおよぶべきだ。こうした見地からすれば，しばしば問題視される教員育成指標がカバーする内容が広いことは，自然なことなのである。

　ただし，教師の成長に資するのは，ここまで論じてきた，「システム化」された教員育成指標に基づく教師教育だけではない。子どもたちが学校で育つ機会の多様性を鑑みれば，教師の学びもそうであってしかるべきだ。例えば，教育課程外の時間帯であるけれども放課後の友人との関わりのなかに子どもの成長の契機があるように，行政研修や校内研修ではないため，その履歴が残されにくい教師の学び，すなわちサークル活動等の自己研修の機会も力量形成の機会として積極的に認められるべきだ。例えば，一定の勤務経験後のサバチカル

のような仕組みに制度化さ
れることが望まれよう。

　教師の学びに関する，こ
うした内容・方法の幅広さ
と教師の自律性はいかなる
関係を築くべきであろうか。
筆者はかつて，**図1**のよう
な教師の授業力量形成に関

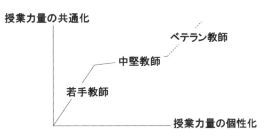

図1　授業力量形成に関する段階モデル[21]

する段階モデルを提案した[21]。これは，「一般的には」，若手教師は教師に共
通に求められる授業力量の獲得を目指す，中堅教員はその個性化を図るという
成長の志向性を表現したものである。また，ベテラン教師の一部は厳しい目で
自己の授業力量を見つめ，あえて自身が苦手とする授業の計画・実施・評価に
挑戦する段階をたどることを描いたものである。今日の教師教育改革の潮流を
踏まえるならば，各教師は，教員育成指標をツールとして，自身の授業力量の
共通化と個性化のバランスを省察し，それを自律的に追究することが望まれよ
う。

（3）校内研修における同僚との協働的な学びを主柱に

　多くの場合，幼児から大学生まで，その学びには仲間がいる。そして，その
仲間との協働であるからこそ生まれる学び合いがある。対面であっても，オン
ラインであっても，仲間との相互作用の連続・発展により，学習者の学びは充
実する。それを可能にする学習集団の必要性は，大人であり有職者である教師
が学ぶ場合でも同様であろう。いや，学びの同型性を念頭に置くならば，教師
こそ，時空をともにする機会の多い仲間，すなわち同僚と協働で学ぶ校内研修
を自らの成長の舞台として最重視すべきであろう。

　2節でふれた「研修受講履歴の記録管理」の対象が行政研修に限定されるこ
とは，この見地からすれば望ましくない。校内研修においてどのような学びを
各教師が経験してきたのかを後に自身で俯瞰できるように，また本節の（2）
で述べたような共通化と個性化のバランスの視座から自身の今後の学びを創発

できるように，その記録方法や活用方法を工夫すべきである（それが技術的・制度的に難しいことは承知してはいるが）。

❹ 学校園長の学びが鍵を握る

今日の教師教育改革は，教師の自律性を阻害する危険性をはらんでいる。けれども，その具体化における工夫次第で，教師の自律性を高めたり，発展させたりする可能性を有してもいる。教師の学びがどちらのベクトルに進むかは，様々な要因がからんで決まるため，画一的ではなかろう。

本小論の冒頭で述べた，誰もが期待している，教師の専門職性が高まる方向性にその学びを進展させるための教育的働きかけの構造として，筆者は学校長のリーダーシップとその礎となる学校長の学びに注目したい。これは，教育方法学的に妥当である。なぜならば，教師が学び手であるとすれば，同じ学校に所属し，その成長を支援する立場にある学校長は，当該教師に対する教育的働きかけに最も取り組みやすい存在だからだ。また，前述した同型性の見地からも，学校長と教師（教諭）が創造的に交わることは，教師と子どものそれに還元される可能性が高いと考えられる。

そして，それを是とするならば，また学校長も自らの学びを反省的に充実させるべきだ。筆者らは，学校を基盤とするカリキュラム開発（以下，SBCD）を持続的に発展させている小学校を訪問し，学校長たちにその取り組みの工夫，それをもたらした管理職としての学びの実際を聞き取りしたことがある[22]。その結果，自校のカリキュラムを持続的に発展させている小学校の長たちは，共通して次のような学びを繰り広げていたことが明らかになった。

自己の経験の省察：当該カリキュラムに関する自身の実践を反芻したり，自校の実践史を分析したりする

他者からの助言の吸収：当該カリキュラムの内容に通じた人材や学校を基盤とするカリキュラム開発に通じた先達等に助言や励ましをもらう

文献等の読解：当該カリキュラムの内容や開発に関する書籍を読解したり，

それらの情報を発信しているWebページにアクセスしたりする

　実地体験：当該カリキュラムに関係のある地域を訪問したり，それを先導的に実践している学校を訪問したりする

　筆者らは，これらの学びの実施状況を明らかにするために，8項目から成る質問紙調査（上記の4種類の「学び」を2項目ずつに項目化）を構成し，ある地域の学校園長540名に回答してもらった[23]。その結果，調査対象とした地域の学校園長たちは，「実地体験」に属するものを除く6項目に関して，7割以上が肯定的に回答していた（「あてはまる」あるいは「どちらかと言えばあてはまる」を選択していた）。つまり，SBCDに資する学びにある程度従事していることが確認された。ただし，幼稚園長・小学校長と中高等学校長の肯定的な回答の選択率に統計的に有意な差がある項目が6項目あり，校園種による違いが大きいことが確認された（いずれも，肯定的な回答の割合が，幼小＞中高）。また，初任学校園長のSBCDのための学びは，2年目以上の学校園長の場合に比して，停滞する傾向が生じていた。両群の差は，前述した「実地体験」と「自己の経験の省察」の項目に関して顕著であった。したがって，初任学校園長にはSBCDに資する学びのための時間やリソースが不足していることが，その原因ではないかと推測される。

　今後，教師教育改革のうねりをプラスに作用させ，教師の自律性を踏まえた，またそれを高めるための学びを創発できる学校長の力量，その形成に資する専門的な学びに関する研究の蓄積が望まれよう。

　教師教育改革の動向は，ある意味では教師の成長に関わる自律性を弱体化させ，その成長の機会を限定化する危険性を帯びてはいる。けれども，教育方法学の研究知見はこの危機を回避し，教師の学びを豊かにする針路を提供しうる。それは，子どもの学び合いを充実させるための教育的働きかけの理法と技法を，教師に対しても，また学校長にも，適用することを意味しよう。

注

1) 佐藤学（1997）『教師というアポリア』世織書房，pp.89-93.

2) 日本教師教育学会が刊行している『教師教育研究ハンドブック』の第五部第2章のタイトルは，「教師教育の高度化と専門職化」である。そこでは，教師教育の高度化に関わる施策や制度，それに関係する組織・機関のリアクション等が整理されている（町田健一（2017）「高度化」，日本教師教育学会編『教師教育研究ハンドブック』学文社，pp.338-341）。

3) 佐藤は，日本の教師教育改革の歴史的構造を示しながら，「教師教育の大学院レベルへのアップグレーディングにおいて欧米諸国より約15年の遅れ」（p.27）が生じていることを指摘している（佐藤学（2008）「教師教育の危機と改革の原理的検討—グランド・デザインの前提—」，日本教師教育学会編『日本の教師教育改革』学事出版，pp.20-37）。

4) 水本徳明（2010）「教育システムの作動としての教師教育と教師教育改革」，日本教師教育学会編『日本教師教育学会年報』第19号，学事出版，pp.18-26.

5) 大学・大学院における教員養成推進プログラム（教員養成GP）等に関する文部科学省のホームページを参照されたい（https://www.mext.go.jp/a_menu/koutou/kaikaku/yousei.htm，最終閲覧日2022年7月5日）。

6) 文部科学省のホームページには，「教員養成フラッグシップ大学に指定された大学は，教育職員免許法施行規則等に定める一部の科目に代えて新たな科目を開設し，免許を取得することができる特例措置が適用されます。この制度を活用し，優れた研究・人材育成拠点として全国的な教員養成の高度化に貢献することが求められます」と，この施策が，教員養成の高度化に資すると説明されている。これに応募したのは15大学であった。そして，採択は4件という結果であり，厳しい競争であった（https://www.mext.go.jp/a_menu/koutou/houjin/mext_01646.html，最終閲覧日2022年4月28日）。

7) 小柳和喜雄（2016）「教師の力量の概念に関する理論的動向—諸外国とわが国におけるスタンダードの開発をふまえて」，木原俊行・寺嶋浩介・島田希編『教育工学的アプローチによる教師教育』ミネルヴァ書房，pp.20-39.

8) 同上書参照。

9) 同上書参照。

10) 文部科学省ホームページの「これからの学校教育を担う教員の資質能力の向上について 〜学び合い，高め合う教員育成コミュニティの構築に向けて〜（答申）（中教審第184号）」（https://www.mext.go.jp/b_menu/shingi/chukyo/chukyo0/toushin/1365665.htm，最終閲覧日2022年4月28日）.

11) 文部科学省ホームページの「教職課程コアカリキュラム」（https://www.mext.go.jp/b_menu/shingi/chousa/shotou/126/houkoku/1398442.htm，最終閲覧日2022年4月29日）.

12）高野和子（2017）「＜ Ian Menter 論文の解説と抄訳＞　教師と教師教育のための
コンピテンスと基準―その発展と問題点―英国におけるアプローチは共通か？」,
日本教師教育学会編『日本教師教育学会年報』第 26 号, 学事出版, pp.20-27.

13）油布佐和子（2018）「教員養成の現状と社会学の貢献可能性」北澤毅・間山広朗編『教
師のメソドロジー―社会学的に教育実践を創るために―』北樹出版, pp.156-167.

14）山﨑準二（2016）「教師教育の多元化システムの構築―『教師のライフコース研究』
の視点から」, 佐藤学ほか編『学びの専門家としての教師』岩波書店, pp.165-195.

15）文部科学省ホームページの「中央教育審議会『令和の日本型学校教育』を担う教
師の在り方特別部会（第 5 回）・初等中等教育分科会教員養成部会（第 126 回）
合同会議資料中の『令和の日本型学校教育』を担う 新たな教師の学びの姿の実
現に向けて 審議まとめ（案）」（https://www.mext.go.jp/kaigisiryo/content/20211115-
mxt_kyoikujinzai01-000018914-4.pdf, 最終参照日 2022 年 4 月 22 日）.

16）佐藤は, 教職の特性の 1 つとして, 再帰性を掲げている（佐藤学（1994）「教師
文化の構造―教育実践研究の立場から―」, 稲垣忠彦・久冨善之編『日本の教師
文化』東京大学出版会, pp. 21-41）。

17）木原は, 教師像を 5 つに分類しているが, その 1 つが「専門的な学習共同体のメ
ンバーとしての教師」である（木原俊行（2016）「教師教育と教育工学の接点」,
日本教育工学会監修, 木原俊行・寺嶋浩介・島田希編『教育工学的アプローチに
よる教師教育』ミネルヴァ書房, pp.1-19）。

18）梅原利夫（2014）「教育方法学研究の固有性」, 日本教育方法学会編『教育方法学
研究ハンドブック』学文社, pp.14-19.

19）教師教育, 教師の学びに影響を及ぼす諸要因のうち, 例えば, 給与や勤務時間等
の条件について検討すべきではある。けれども紙幅の都合上, 本小論は, それら
の条件が別のアプローチで整備されたとして, 教師がどのように学ぶべきか, ま
た学べるのかを論ずることとする。

20）子どもの学びと教師の学びの同型性については, 渡辺・藤原が, ある学校で演劇
的手法を導入して豊かな学びと校内研修を創出した軌跡を描きながら, 詳しく解
説している（渡辺貴裕・藤原由香里（2020）『なってみる学び―演劇的手法で変
わる授業と学校―』時事通信社）。

21）木原俊行（2004）『授業研究と教師の成長』日本文教出版, p.256.

22）島田希・木原俊行（2018）「学校を基盤としたカリキュラム開発に資する学校長
の学びの特徴― 3 つのケースの比較を通じて―」, 大阪市立大学大学院文学研究
科編『人文研究』第 69 巻, pp.21-39.

23）木原俊行・島田希（2020）「学校を基盤としたカリキュラム開発に資する学校園
長の役割と学びの実態―ある地域の幼稚園小中高等学校のリーダーに対する質問
紙調査の結果から―」, 大阪教育大学編『大阪教育大学紀要 総合教育科学編』第
69 巻, pp.119-129.

6　生活指導運動における実践知の創出と教師の自律性

山梨大学　**高橋　英児**

❶　危機にある教師の自律性
―教育のスタンダード化と ICT 化の流れの中で―

(1) 進む「教育のスタンダード化」と危機にある教師の自律性

　今日の教育改革のなかで，教師の自律性は深刻な危機的状況に陥っているのではないかとの疑念を論者は抱いている。その危機的な状況は二つある。

　一つは，「教育のスタンダード化」と呼ぶべき事態である。これは，2005年前後の文部科学省（以下，文科省）による生徒指導政策（ゼロトレランス政策）および文科省「義務教育の構造改革」（2005年）・新教育基本法（2006年）に基づく教育の質保証政策（学力向上政策として2007年に開始された全国学力・学習状況調査，2008年に提出された教育振興基本計画）に遡ることができる（高橋 2019）。国，地域，学校など様々なレベルで，教育計画，教員育成の指標や授業方法，生活のルールなど様々な内容に，計画―評価―改善の枠組みとして，スタンダードの網の目が張りめぐらされ，教育実践が画一化されることにより，教師の自律性が脅かされている（高橋 2019，子安 2021 他）。

　もう一つは，Society5.0をめざした「GIGAスクール構想」（2019年）など教育のICT化（デジタル化）による改革である。このICT化は，「教育のスタンダード化」のように明示的ではないが，パッケージ化されたデジタルコンテンツ（デジタル教科書や授業支援アプリなど）によって，授業の画一化を進めるものであり（子安 2021），教育のスタンダード化の新たな展開とも呼ぶべき事態が生まれている。

（2）教育のスタンダード化による「テンプレートによる統治」

　このような教育のスタンダード化の現状や問題については，これまで多くの先行研究で検討されてきているが，ここでは，行政による「テンプレートによる統治」という点に注目したい。

　日本と英米の教育のスタンダード化の本質的問題を検討した仲田は，日本は「テンプレートによる統治」，英米は「データによる統治」の傾向が強いことを指摘している[1]。いずれによる統治も，「教育的判断を上位者が吸い上げ，個々の学校や教師から『外部化（externalisation）』させている点」は共通しているが，日本の「テンプレートによる統治」は，①教育の営みの具体的次元から抽象的な次元までをテンプレートに即して行政が管理する，②そのテンプレートの統治を支えるPDCAは，「予測可能なものとして教育を統制するための技術」であり，「偶然性や『規格外れ』を忌避する」ロジックは子どもにまで差し向けられる，③国が定めた教育目標の適切な執行・達成者として自治体・学校・教師を位置づけ，予測可能な形で国の教育目標を実現しようとする，という特徴がある（仲田 2018）。

　なかでも特に注目すべきは，教育を予測可能なものとして統制し，「偶然性や『規格外れ』を忌避する」点である。この点こそが，スタンダード化を強化し，現場の教師の苦悩を生み出しているからである。スタンダード化が進行する学校では，発達段階や特別なニーズに応じた教育は「例外的」に扱われたり，教師同士がスタンダード通りに指導できているかを相互に監視し合い，管理職に密告するなどの状況がある。そのなかで「管理することや見た目重視のために時間を費やされ，子どもが抱える問題と向き合う気力もなくなるストレスは大きい」と悩む教師の声（菅原 2019）など，教師の苦悩や葛藤は多く報告されている。

　スタンダード通りに指導できない教師や行動できない子どもは，「統制」不可能な存在であり，徹底的な管理・統制や排除の対象となる。それだけでなく，教師が子どもたちをスタンダードに即して管理する過程では，教師は自ら統治を内面化し，一体化してしまう危険性もある（高橋 2018）。スタンダードは，「テ

ンプレート」として，外からと内から二重に統治する機能を果たし，教師の自
律性を奪っているのである。

(3) 教育のスタンダード化の背景にある公教育の変容とその抵抗

　「テンプレートによる統治」を基調とした日本の教育のスタンダード化の進
行の最も大きな要因は，2006年の新教育基本法の成立である。新教育基本法は，
公教育を「国家の統治行為」としての教育に変容させた。新法は，第一に「教
育の方針」（旧法第2条）を削除し，「教育の目標」（新法第2条）を新設するこ
とによって，「義務教育」を「権利・義務」の教育から「強制・義務」の教育
に変えた。特に学習指導要領の「道徳」の目標を「教育の目標」（新法第2条）
としたことで，所定の教育内容の学習ならびに学校の規律の順守を子どもの義
務と定めている。そして第二に，「教育行政」（新法第16条）と「教育振興基
本計画」（新法第17条）によって，学校と教師に対して条文化した教育目標の
達成に体系的・組織的に取り組むことを課し，教育への「行政的な指導・介入」
を可能にした（大会基調委員会 2014）。この国家の統治行為としての教育を志
向する新教育基本法体制下の教育改革全体が，教育にスタンダード化という形
のテンプレートによる過剰な統治を呼び込んだのである。

　現在のこのような教育全体にわたる過剰な統治に対して，教師はどのように
自律性を回復することができるのであろうか。その一つの手がかりとなるのは，
民間教育研究運動の存在である。民間教育研究運動は，1950年代の勤務評定
や学習指導要領の「告示」化といった教育の国家的な統制の強化を鋭く批判し，
日本教職員組合（日教組）による労働運動を母体にした教師の専門性に基づく
自主的な研究運動（「教育課程の自主編成運動」）を対置して，教師の自律性を
守ろうとしてきた。以下では，こうした民間教育研究運動団体の一つである全
国生活指導研究協議会（以下，全生研）の取り組みを取り上げながら，実践知
の創出と教師の自律性のあり方について検討していくこととする。

❷　全生研の結成と基本的な姿勢

　全生研は，教師（現役・退職者），研究者，市民によって構成される組織である。各都道府県の支部のサークルを拠点とした研究活動，地区ごとの研究会（地区学校）および全国大会などを通して，生活指導・集団づくりの研究を行っており，機関誌として『生活指導』（高文研）を刊行している。

　全生研は，1959年1月の日教組教研第八次大阪集会での生活指導分科会各県講師である，研究者28人の呼びかけで結成された。なおこの集会を契機に，民間教育研究団体連絡会（民教連）も発足している。同年5月には機関誌『生活指導』No.1も刊行された。当初は「全国生活指導研究者協議会」という名称であったが，同年12月の第1回全国大会において，名称「全国生活指導研究協議会」，代表（宮坂哲文），指標・規約が決定された。結成当初から参加した大畑は，全生研の結成は，当時の安保・勤評体制によって憲法と教育基本法の精神が骨抜きにされ，ゆがめられ，公教育の国民的性格と役割が重大な危機にさらされているという意識の反映であったと指摘している（大畑 1979）。

　この意識は，第1回全国大会で決定した指標によく現れている。[指標1]の「わたくしたちは，生活指導運動を充実，発展させることによって，憲法と教育基本法の主旨である平和と民主主義をめざす国民教育の実現に努める」には，戦後の憲法・教育基本法が示した理念の実現を目指すことが示されている。[指標2]の「わたくしたちは，一人一人の子どもを具体的な生活者としてとらえ，かれらが自己の環境との能動的なとりくみをとおして，人間としての権利をとおとび，科学的真実を愛し，民主的社会の成員としての諸能力をもった人間にまで成長することに責任をもつ」からは，教育基本法の第一条（教育の目的）に即した「教育による社会改造」が志向されていたことが分かる[2]。また，[指標4]の「わたくしたちは，生活指導の原理の確立によって，国民のための道徳教育の正しいありかたをあきらかにし，反動的ないしは観念主義的な道徳教育の打破と清算につとめる」には，全生研が問題としていた当時（1950年代）の教育政策（道徳の特設化，学習指導要領の「告示」による中央集権化

による公教育の変質）への批判が示されている（『生活指導』No.8，1960年，明治図書／『生活指導（復刻版）1』）。

　このように全生研は結成当初から，憲法・教育基本法の理念の実現を目標とすることで，「生活指導」を通した「良い」教育の実現と民主的社会の実現とを統一的に追求しようとしていた。この姿勢は結成以来一貫しており，全国大会の基調提案や機関誌などにおいては，常に，子どもの生活現実や学校および教師の実践を規定している社会情勢とその構造的問題の批判的な分析と関連付けながら，生活指導・集団づくりの理論・実践の探究が進められている。

❸　実践知としての「学級集団づくり」と実践記録の分析による知の集積

(1) 全生研の実践知「学級集団づくり」

　全生研では，「生活指導」の概念，また，その指導としての「（学級）集団づくり」の目的・内容・方法を追究し，理論的・実践的に発展させてきた。その研究運動の成果として，全生研常任委員会が中心となった著作（例えば，『学級集団づくり入門』（1963）など）を刊行してきている。この「（学級）集団づくり」の構想は，「実践にもとづいて理論をつくりあげるという会の研究スタイル」（竹内 2008）を通して獲得し，発展させてきた全生研の実践知であるといえる。この「生活指導」そして「（学級）集団づくり」の理論的枠組みと指導方法の構想をめぐっては，全生研内部でもまた外部の関係者との間でも，様々な議論が結成当初から今日までなされてきており[3]，これまでの研究運動の発展とともに，変化・発展を遂げてきている。

　この「（学級）集団づくり」の構想は，大きく4つの時期に分けられる（竹内 2008，折出他 2008，山本他 2014など）。戦後から全生研結成期（1950年代後半）の「学級づくり」（仲間づくり），1950年代後半から1980年代の「集団づくり」（学級集団づくり），1980年代後半から2000年代初頭の「生活と学習の共同化」の「学級集団づくり」，現在の「子ども集団づくり」である。なお，「集団づくり」（学級集団づくり）については，『学級集団づくり入門』（1963）と『学

級集団づくり入門　第二版』(1971)，「生活と学習の共同化」の「学級集団づくり」については，『新版　学級づくり入門・小学校』(1991) と『新版　学級づくり入門・中学校』(1992)，「子ども集団づくり」については，『子ども集団づくり入門』(2005) へと全生研の研究成果は結実してきた。

　それぞれの詳細については割愛するが，全生研の「(学級) 集団づくり」の理論と実践についての変遷の特徴を示すと以下の2点が指摘できる。

　第一は，その時々の社会状況（社会政策・教育政策）が子ども・教師／学校・家庭にもたらす問題を自覚し，これらの問題に対峙する生活指導・集団づくりの理論と実践を追求してきたことである。

　「生活指導」の定義は，初期の子ども一人一人の「生き方の指導」を核にしながら，民主的人格形成に向けた行動の指導，生活と学習の民主的共同化，学級・学校の内外の多様で共同的なネットワークの創造という形で発展してきた。この発展は，結成当初からの教育における民主主義の追求と実現（春田 1978）と，子どもの生活全体の民主化，すなわち社会における民主主義の追求と実現の双方が課題とされるなかで生じている。そして，この「生活指導」の定義の発展に対応して，「集団づくり」の構想も，「学級づくり（仲間づくり）」から「学級集団づくり」へ，そして「子ども集団づくり」へと発展した。この過程で「集団づくり」の構想は，「学級」のみをゴールとするのではなく，「学年」「教職員集団」「学校」「地域」「社会」への実践の展開を志向し，論理的・実践的な蓄積を重ねてきている。

　第二は，「集団づくり」の指導体系の発展である。「学級集団づくり」において確立された「班・核（リーダー）・討議づくり」の指導体系[4] は，今日においても集団づくりの3つの側面として示されているが，それぞれ3つの側面の指導内容と指導の重点は変化してきている。『学級集団づくり入門　第二版』(1971) では，「班・核・討議づくり」の方法と，集団の発展段階（よりあい的段階，前期的段階，後期的段階）とを関連付けて「学級集団づくりのすじみち」（構造表）が示されていた。だがその後は，子どもや学級の現実に合わせて多様で個性的な展開を志向するなかで，この構造表の扱いも理想的なモデルとい

う位置づけから，相対的なものへと扱いが変化していった。

（2）実践知の創出のための方法としての実践記録の分析

　全生研では，実践記録の集団的な分析によって実践の検討を行っており，この手法は，全生研の特色としても広く認知されている。先述した「集団づくり」の構想は，この実践記録の共同分析の積み重ねから構築されている。

　『学級集団づくり入門』（1963年）では，巻末の付録として「実践記録の書き方」が掲載されている。ここでいう実践記録とは「実践の過程を分析し，結果を検証して，よりあらたな実践の報告と内容をさぐるための診断書」であり，「教師の全教育活動が集約的にたたきこまれた創作物」と定義されている。この教師の創作という点については，虚構の作品という意味ではなく，「実践を網羅的に並べるのでなく，そこに実践の理論的原則と，実践の展開と，実践の結果，得られたものが統一的にあらわされているもの」と説明している（全生研常任委員会1963）。

　このように，実践記録は，教師からみた（教師の主観的まなざしから切り取られた）実践の「事実」についての語り＝物語りという特徴がある。また，実践記録は，「いまの『私』を言語化・文章化していくことをつうじて，そのときの『私』の実践を分析し，総合していくもの」であり，「そのときの『私』の判断，『私』の自己投企の過程，それにたいする子どもの応答を再審にかけ，それらを価値的に評価していくもの」であるがゆえに，「いまの『私』による実践の自己省察であり，実践の思想（良心）化」（竹内2003）とも指摘されている。

　サークル活動や全国大会などで行われる実践分析は，この実践記録を書いた教師と参加者とによる共同討議を通してなされる。実践記録に書かれている内容についての質疑と応答，実践を通して検討すべきこと（討議の柱）を中心に実践分析（「読み解き」と「読みひらき」）が行われる。その質疑の過程では，しばしば，参加者の問題関心や視点に基づいた質問などによって，実践記録に書かれていなかった「事実」が掘り起こされるとともに，その時の実践者の指導意図や思想が，さらに言語化され意識化される。こうしてその時の実践の全

体像がより深く掘り下げられていくのである。

　同時に，実践分析は，報告者だけでなく，参加者にも自身の実践の省察を促す。「実践分析とは，実践者であり記録者であるその教師とともに，実践記録の仕上げと分析に取り組み，実践的な知恵を共有していくこと」（竹内 2003）との指摘に端的に示されているように，実践分析は，実践記録に示された実践の新たな可能性を共同で見いだすことで，実践分析に参加している参加者もまた，自身の実践を振り返り，実践報告者とともに指導の見通しを得ていく過程ともなっているのである。

　このように，実践記録の分析は単なる方法・技術にとどまるのではなく，それを支える思想・理論を含んだ「実践知」の共同創出の過程である。これは，あらかじめ設定された解決すべき問題・目的に対して最も有効な結果を出すという意味の「効果」のある教育よりも，目的として実現すべき価値そのものを問い，その価値（理念）の実現を追求するという意味での「良い」教育の追求という性格が強いものである。そして，これは，教師集団の自律的な学びによってこそ成立するものなのである。

❹　全生研・民間教育研究運動における実践知の創出の課題と可能性

（1）実践知に込めた言葉と思想の「収奪」

　以上のように，教育思想・理論と方法・技術とを結合させた実践知の創出を志向してきた全生研であっても，運動が広がる過程で，実践知が内包する思想・理論と方法・技術知とが乖離するという課題を抱えている。この課題は結成当初から自覚され，形式主義・技術主義を指摘する内外の批判とも応答しながら，生活指導・集団づくりの思想・理論と指導方法の確立を追求してきた（春田 1978）。だがそれでもなお，学級集団づくり（「班・核・討議づくり」）の実践に対しては，形式主義・技術主義を懸念する根強い批判があったことも事実である[5]。

　また，現在においても，運動を広げていく過程（例えば，機関誌編集での特

集のタイトルや誌面の構成，学習会の企画など）では，一般に広く呼びかけていくために具体的な方法を前面に示し，「わかりやすさ」や「近づきやすさ」を強調せざるを得ないことがある。そのような場合に，思想・理論と切り離して方法・技術知のみを伝えてしまうジレンマを常に抱えている。

　すでにみたように，全生研において実践知は，思想・理論と方法・技術知とを結びつける実践分析という教師集団の自律的な学びの結果として成立し，共有されるべきものであった。だが，時には方法・技術知が，本来の思想・理論と切り離され，別の思想・理論と結びつけられたり，外部化された判断基準へと変質したりして一人歩きするという危険性を常にはらんでいる。もともと「生活指導」という言葉は，戦前の生活綴方運動などから生まれたものであった（山本他 2014）。しかし戦後初期に文部省が，生活習慣のしつけやガイダンスの訳語の意味で「生活指導」という言葉を用いたことで，「官側によって，その出生とは意味を異にして使用されるという事態」（春田 1978）に見舞われた。生活指導運動は，実践知の政策用語化によって，自らが育んできた言葉の収奪というべき問題に直面してきたのである。同様のことは，例えば1970年代の「総合学習」など，全生研以外の民間教育研究団体でも起こっている。

　現在では，「学級集団づくり」「子ども集団づくり」「自治的集団」といったキーワードが，「学力向上」と結びついて，地方教育行政主導で広がっている。既存の制度・体制の変革のための「集団づくり」が，既存の制度・体制の維持・適応のためのものへと言葉の意味が変質させられて展開しているのである[6]。こうした，いわば言葉の「収奪」をめぐる問題は，民間教育研究運動が現在も直面する深刻な課題である。

（2）教師の自律性をめぐるコンフリクト（葛藤）

　このように，思想・理論と方法・技術知とを切り離し，実践知が元来もっていた言葉とそこに込めた思想を収奪し，政策用語化していくことは，判断基準の外部化という事態に通じている。これこそが，先述した教育のスタンダード化が行うテンプレートによる統治である。

　しかし，そのような状況であっても，教師が子どもに寄り添おうとすればす

るほど，教育のスタンダード化による矛盾や問題に直面し，判断基準を外部化していることへの迷いや葛藤が生まれる。教師は，教育行政の末端として教育改革の実行役という存在であると同時に，その過程で生まれている矛盾や問題に望もうと望まざるとに関わらず直面させられる存在であるからである。

　かつて竹内は，森鴎外「高瀬舟」の深層の物語を読み解きを通して，教室空間が，「権力のガス抜き装置」であるだけでなく，権力構造の内部では自明にみえるものごとを問い直す「再審の場」であることを指摘し，以下のように述べている。

　　その（＝高瀬舟，引用者）なかでは，罪人を護送する同心は権力の側に属するものでありながらも，かれらの繰言を聞くにつけ，かれらに共感し，民衆の世界にひきつけられ，その果てにお上の裁可を疑い，お上に異議申し立てをしたくなる危機にさらされる。このために，かれらは良心だけでなく，自分自身の存在さえも問わずにはおられないという事件にさらされるのである。その意味では，『高瀬舟』はなんと『教室』空間に似ていることか（竹内 2005）

　この竹内の指摘は，教師という存在が抱える葛藤の質を的確に示すものであると同時に，その葛藤を克服する可能性も示唆するものである。それは，教室空間は，子どもと教師を問題のある現実の体制へと適応させる場であるだけでなく，その現実を問い直し，現実の再構成・再創造へと向かう可能性がある場でもあるということである。

　この例として鈴木の実践（小学校）が参考になる。鈴木は，暴力的な荒れを表出するTという子どもとの対話の過程で，彼の生きづらさと向き合っているはずの自分が，彼の気持ちをねじ伏せるような言葉を時には発しそうになるなど，自身の中にある権力性（内なる「国家」）の問題があることに気づく。そして，Tの暴力性と自身の内なる「国家」＝支配的な権力性の双方を超え，それぞれの抱える生きづらさを超えていくことをめざして，子どもたちの学校生活の現実をつくり変える様々な実践を展開している（鈴木 2005）。

（3）教師の自由の領域の創出に向けて

　今まで述べたように，全生研では，現実を問い直し，現実の再構成・再創造へと向かう契機を，集団づくりの実践に見いだしてきた。『新版　学級づくり入門・小学校』では，「学級集団づくりのすじみちは，たんに集団の民主的形成のすじみちを示すだけでなく，学級担任の自己変革と自己解放のすじみちをもふくんでいるものである」と，集団づくりには子どもの解放の過程だけでなく，教師の解放の過程があることを指摘している（全生研常任委員会 1991）。

　後年，竹内は機関誌「生活指導（2010）」において『新版　学級集団づくり入門』の内容に言及しながら，「子どもの声をきく」ことをし，それに基づいて子どもに活動を提案するという討議づくりの指導（原案に基づいて討議する）を具体的に説明している。そして，子どもに活動を提案することには，子どもと教師を縛っている学校の現実を越境し，子どもと共に「自由の領域」を創設していくことに本質があると指摘している。竹内は，「自由の領域」の創設の過程を次のように説明する。①「子どもの声をきく」ことで問題を起こしている目の前の子どもの中に，問題を解決する活動を求めている「もう一人の子どもの存在」を発見していく，②そのような「もう一人の子どもの存在」を発見しようとする教師の応答に支えられて，子どもが問題に巻き込まれている自分から抜け出し，問題を省察する自分を創り出す，③これと並行して，教師もまた子どもに励まされて，自分を拘束しているシステムから抜け出し，子どもと自分を包み込んでいる問題状況とはどのようなものであるかを定義（構成）することで，それをきりひらく活動とは何かを構想することができるようになる，というものである（竹内 2010）。

　この「自由の領域」の創設の要は，教師と子どもが，自分たちがおかれている現実を問い直し，問題を発見し，その解決に乗り出していく点にある。教師による活動の提案は，その活動を提案する理由（学級や子どもたちの現状の分析や課題など）や活動の方針などからなる原案として示され，学級で討議される。子どもたちは原案の討議を通して，学級や自己の課題や問題に気づき，これらの解決に必要な活動を考えていく。これは，教育のスタンダード化によっ

て管理・統制されている現実に子どもたちの要求・必要に基づいた活動を対置
し，その現実を変革していく生活実践主体・社会変革主体として成長していく
可能性を子どもたちに開くものである。

　また，教師にとっては，「子どもの声をきく」ことから指導を構想することは，
教育のスタンダード化によって自身の判断基準が外部化されている現実を「再
審」し，問い直していく精神的自由を獲得していく可能性を自身に開くもので
ある。このような契機は，集団づくりの実践だけでなく，サークル活動や地区・
全国の研究集会での実践記録の集団検討や，全国大会基調提案においても存在
している。実践記録の分析や全生研の全国大会基調提案では，学校と子どもに
現れている問題とその時々の社会情勢（社会，政治，教育政策）の問題とをつ
なぎ，具体的な指導のあり方を検討する。それは，実践における危機，すなわ
ち教師の揺らぎそのものを分析することを通じて，教師自身を束縛している現
実を相対化することであり，その現実から抜け出していく実践の方針をつかん
でいくことを目指しているのである。

　このような教師と子どもの自由の領域の創出は，自分たちを束縛している現
実を相対化し，共同でそれを乗り越えようとする自律性があるところにこそ生
まれる。そしてこれこそが，今日の教育のスタンダード化に対抗する力となる
であろう。

　全生研は，今年で結成63年を迎える。全生研には，現在も，今日の教育改
革の中で格闘している若手からベテランまでの多くの教師たちが参加して，活
発な研究活動を行っている。全生研のような民間教育研究運動における教師の
自主的な研究活動は，今日の教育改革の問題を克服していくための教師集団に
よる自律的な学びとして，今後ますます重要となるだろう。

注
1）　なお，「データによる統治」は，エビデンスとアセスメントに基づくアカウンタ
　　ビリティを重視する統治であり，「ハイ・ステイクスなテスト結果による脅しと，

『客観的』な測定による『科学的推計』に基づいて学校や教師の在り方を統制する」ものである。だが，「データによる統治」と「テンプレートによる統治」は，排反関係にはなく，ハイブリッド的に進行し，その割合に濃淡があると指摘されている（仲田 2018）。

2) 全生研の結成以来，全生研の中心的な存在であった竹内常一は，「旧基本法は二条において『社会による教育改造』を，一条において『教育による社会改造』を謳うことでもって両者を統一的にすすめるものであった」と 1947 年制定の教育基本法の性格を指摘している。（大会基調委員会 2014）

3) 例えば，結成当初の生活指導の独自性をめぐる宮坂哲文－小川太郎の論争など。全生研常任委員会編（1974）『全生研基調提案集成』などを参照。

4) この「班・核・討議づくり」の指導体系の確立においては，香川生研の大西忠治や竹内常一らが重要な役割を果たしている。

5) 例えば，朝日新聞「いま学校で」の 1973 年 7 月 11 日，12 日，27 日の記事では，全生研の班づくりの指導として行われていた班競争・追及実践（「ボロ班」「班長リコール」）への批判的な声を多く紹介している。記事では，全生研の名称は出ておらず，批判される実践も全生研の教師によるものかは不明だが，集団づくりの方法が普及する過程で，一部は形骸化していった可能性も否定できない。

6) 拙著「適応型学級づくり・学級集団づくりと教育のスタンダード化（1）」『生活指導』No.743（2019 年 4-5 月号），高文研および「適応型学級づくり・学級集団づくりと教育のスタンダード化（2）」『生活指導』No.744（2019 年 6-7 月号）では，「Q－U 式学級集団づくり」「学力向上プロジェクト」を検討し，その問題を考察しているので参照してほしい。

参考文献

・ 大畑圭司（1974）「全生研のあゆみ」全生研常任委員会編『全生研基調提案集成』明治図書.
・ 折出健二・大畑圭司（2008）「全生研五十年のあゆみ」，全国生活指導研究協議会『生活指導・集団づくりとは何か―全生研 50 年のあゆみ―』全国生活指導研究協議会.
・ 子安潤（2021）『画一化する授業からの自律』学文社.
・ 鈴木和夫（2005）『子どもとつくる対話の教育』桜井書店.
・ 全生研常任委員会（1963）『学級集団づくり入門』明治図書.
・ 全生研常任委員会（1971）『学級集団づくり入門　第二版』明治図書.
・ 全生研常任委員会（1991）『学級集団づくり入門　新版　小学校』明治図書.
・ 全生研常任委員会（1992）『学級集団づくり入門　新版　中学校』明治図書.
・ 全生研常任委員会（2005）『子ども集団づくり入門』明治図書.
・ 全国生活指導研究協議会（1985）『生活指導（復刻版)』明治図書.

・菅原彩（2019）「一人ひとりに大切なもの」『生活指導』2019 年 2・3 月号（No.742），高文研．
・大会基調委員会（文責　竹内常一）（2014）「『ケアと自治』を基本とする生活指導と集団づくり」『生活指導』2014 年 8・9 月号，高文研．
・高橋英児（2018）「教育の『基準』をひらく―スタンダードとは何だろう」教育をひらく研究会編『公教育の問いをひらく』デザインエッグ．
・高橋英児（2019）「教育のスタンダード化がもたらす諸問題と対抗の可能性」日本生活指導学会編『生活指導研究』No.36.
・竹内常一（2003）『おとなが子どもと出会うとき　子どもが世界を立ちあげるとき』桜井書店．
・竹内常一（2005）『読むことの教育―高瀬舟，少年の日の思い出―』桜井書店．
・竹内常一（2008）「生活指導運動が大切にしてきたもの」，全生研常任委員会編『生活指導・集団づくりとは何か―全生研 50 年のあゆみ―』．
・竹内常一（2010）「子どもに活動をどう提案するか―若い教師への手紙」『生活指導』2010 年 10 月号（No.683）明治図書．
・仲田康一（2018）「『スタンダード化』時代における教育統制レジーム」日本教育行政学会編『日本教育行政学会年報』No. 44.
・春田正治（1978）『戦後生活指導運動私史』明治図書．
・山本敏郎・藤井啓之・高橋英児・福田敦志（2014）『新しい時代の生活指導』有斐閣．

II

教師の自律性を軸とした授業研究

1　子どもと教師の自己変革の場としての授業づくり
―教師と研究者との協働による授業研究過程を省察する―

同志社女子大学　**吉永　紀子**

❶　いま学校でこそ大切にしたい学びを考える

　「他者と共に学校で学ぶ」―この2年間をふり返ると，このことの意味や意義をあらためて深く考えざるを得ない局面に幾度となく立たされてきた。他者とかかわりあって対象に働きかけながら，学校という場で共に学ぶということが，子ども一人一人の育ちにおいて計り知れない意味をもち，いかに重要であるかを目の当たりにしてきた。オンライン学習の整備が進められていっても，学校という場が学習面のみならず，いかに養護的機能を社会から強く期待され，実際に学校がそうした機能をひとえに担ってきたかが露呈した（姫野：2020 p.108）ばかりでなく，「授業を生活の場で受けることの困難さ」（川地：2020 pp.42-43）も浮き彫りになり，公教育としての学校の役割が一層問われてきた[1]。否応なくこうした状況に直面してきた私たちだからこそ，あらためて「他者とともに学校で学ぶ」ことの意味を明らかにするために，子どもと教師の自己変革と学びのダイナミズムを，実践的・理論的に検討することが求められている。

　本稿が課題とするのはこの点にかかわっている。他者とかかわりあって対象について深く学ぶ経験では，学びに対する子どもの考え方を揺さぶり，子ども同士の互いに対する認識や学ぶ対象に対する見方を更新していく力が育つ。まさに対象・自己・他者との対話を通して対象世界の意味を構成し，自己の輪郭を探索してかたちづくり，他者との関係を紡ぎあげる活動としての学び[2]を保障することが学校教育の使命といえよう。本稿では，そうした学びを通して子どもも教師も自己変革を経験してきた久保恵美教諭の実践を取り上げる。5年生の国語，なかでも文学作品の読みを基軸とした深い学びを志向する久保学

級での授業づくりの過程をたどることを通して，協働で研究した教師と研究者らとの対話の過程について考察する。

　これまで久保教諭の実践について，吉永・松崎（2020）と吉永・久保・松崎（2021）において記述・分析を行ってきた[3]。本稿では久保実践の全体像を示すとともに，教師と研究者らとの対話の過程でみえてきた久保実践を語るうえで欠かせない，ある用語に注目して記述することを第一の課題とする。この用語に焦点をあてるのは，研究者らが教師と協働して教育実践を研究するうえで問われる研究倫理に関して，重要な論点に触れることができるためである。さらに教師の自律的な授業研究に寄与するために，久保実践の授業研究を一事例として，研究過程における教師（研究協力者）と研究者の関係性について問うべき論点を整理することがもう一つの課題である。

❷　子どもと教師はどのように自己変革していったのか
―久保実践の全体像―

　2017年度に久保教諭（当時教職20年目）が担任した公立Ｘ小学校の5年生（28名）は，前年度まで力の強い子どもや課題を抱えている子どもの声が優勢で，それ以外の子どもは声を発するのをためらったり，発したとしてもなかなか聴いてもらえなかったりした。何かをいえば周囲から笑われたり，攻撃的なまなざしや応答を返されたりする日常を過ごしてきた。授業中，周囲の子どもが騒がしくても自分が静かにしていれば教師から注意を受けることもないため，教室内の喧騒から身を守ろうとして口を閉ざし，なかには読書を始める子どももいた。邪魔したり揉めたりしなければいいのだという価値観が浸透している集団のなかで，子どもたちは自分の存在・気配をできるだけ消そうとすることに慣れている―これが久保教諭が担任した時に感じた印象であった。ここから子どもたちと久保教諭の学習と生活が始まっていった。

（1）自分を表現できる教室をつくる―授業観を編み直すことへの挑戦

　子どもが自分の意見をもてずにいる状況を生み出している要因を，上記のよ

うに捉えた久保教諭は，子どもを支配している授業観にも着目した。つまり，自分で考える習慣が定着しておらず，発言する子どもや教師が示してくれる正解を待つという姿勢になっているために，人前で自分の意見や考えを発言して間違えるということに恐怖心をもっていることが，学習に対する諦めにつながっていると解釈したのである。

　そこで久保教諭が重視したのが，「書く」ことと「聴く」ことを子どもの学びの基盤に据えていくことであった。授業内での発言ができなくても，まずは教材文や他者の言葉を拠り所にして考えをもつ／書くことが大切であると実感できるよう，国語では毎時間，教師自作のワークシートを用意した。子どもが自分の考えを少しずつでも書いていくと，机間指導で励まし，認め，自分の考えをもつことに自信をつけられるようにした。また，1つの言葉や表現に対しても，生活背景や育ってきた環境が異なるがゆえに，その子にしかできない読みや考えとして聴き，その意味を子どもとともに汲みながら授業に位置づけていった4)。一人一人の声をしっかりと聴くということは，相手を大切にすることであると子どもたちに了解され始めていくと，「こうやって考えていけばいいのだな。こうして書いていったらいいのだな」と，子どもたちは徐々に自分を表現し始めるようになっていった。

　1学期からこうした取り組みを重ねるなかで，久保教諭がとりわけ意識していたのは，「授業はみんなでつくるもの」という授業観を子どもと分かち合うことであった。4年生までの被教育体験は子どもの内に根深く浸透している。「学ぶ」ということへの考え方を，授業を通して根底から揺さぶるには，1時間の授業が一人一人の考えや言葉でつながり，自分の考えが変化したり理解が深められたりしていくことを実感できる経験が不可欠であった。

(2) 文学作品の比べ読みを通して仲間とともに読むことの快楽を味わう

　2学期，「大造じいさんとガン」（椋鳩十）を学ぶにあたって，久保教諭は4年生で既習の作品「ごんぎつね」（新美南吉）と「比べ読み」5)をする単元として構想した。比べ読みを通して，子どもたちとともに味わいたい国語科ならではの学びの特徴を久保教諭は次のように整理している。

表1　子どもと味わいたい国語科ならではの学びの特徴

国語科の特徴[6]
○普段意識せずに使っている言葉の奥に広がる豊かな世界に気付き，それを味わう経験が，子どもたちの使う言葉をひろげ，考えや学びを深め，周りとの関係を言葉でつなげていくことができる。
○個々の生活経験や成長過程により，言葉の捉え方や一つの言葉から思い浮かぶ情景などが違い，多様な意見が出し合える。
○文学的な構造や言語的な表現の技術，独自の言葉の働きがある文章，作者の意図や伝えたい思いを読み取り，読み深めていくことの楽しさがある。またそのときどきの自分によって，文章の読み取り方が変わってくるおもしろさがある。

　その子にしかできない読みを丁寧に聴くことを教師自身，そして子どもにも要求してきた久保学級では，「授業の一回性」を生きていくなかで，仲間とともに読むという行為のもつ「出来事性」（小森：1995, p.226）に自己をひらいていくことが重視されている。つまり，ある言葉に触れて引き出された一人一人の読みがスパークし，教室内に生起する多数の「出来事性」を発見していくこと，そのなかで「自分の言葉のなかの言語化されない，氷山の水面下に沈んでいる部分」（紅野：1995, p.232）に出合うことが，学級で仲間とともに読むからこそ可能になるという感覚をもつことである。そしてまさにこれが読むことの「快楽」である。子どもたちがこのような感覚をもつには，教師自身が読むことを通して「出来事性」を体験しているか否か，「自分の内側で解釈の定型とどれだけ闘えるか」（佐藤：1995, p.229）が問われてくる[7]。
　このような取組みを行っている久保教諭だが，実はX小学校に赴任するまでは国語の授業づくりに戸惑うことが多かった。当時のX小では文学作品を中心とする国語の授業研究に力を入れており，久保教諭も文学教材に対する発見と学び直しをここで経験したことが，**表1**のような国語の授業イメージを思い描くことにつながっている。「文学教材の教材研究をすればするほど，言葉の持つ深さ，豊かさを知り，物語の世界を心底楽しめるようになった。それによって，子どもたちの存在が，教える者から対等な読み手に変わり，授業の中で子

どもから学べるようになった」[8] と久保教諭は語っている。

　指導書通りに授業を行うと，一問一答型の授業に陥りがちで，ともすると「正解」を求めて子どもも教師も一直線に突き進んでいくような，追い込み漁型の授業になってしまうことに久保教諭は違和やもどかしさを感じていた。しかし，文学作品の教材研究を行うなかで，それまでの解釈の定型から解き放たれた彼女は，子どもの読みがもたらす新たな気づきをもとにして，次の教材研究や教材作成，単元構成を行うおもしろさを実感し，「そのとき」の子どもの実態に即した教材づくり[9] ができるようになっていった。さらに教材を1時間や1単元という閉じた世界で考えず俯瞰して考えるようになり，1つの作品のどの言葉に注目してどのような読み方をしていくことが，次の学びに生かされるのかを意識することにもつながった。こうして行き着いたのが，作品の「比べ読み」という手法であった。

表2　「大造じいさんとガン」の学びをふり返る子どもの学習作文（一部）

○ぼくが「大造じいさん」で成長したことは，話し合いの大切さに気付いたことです。「ごんぎつね」は情景描写とかが「大造じいさん」より簡単だったけど，「大造じいさん」になると，「もうわからん！」となったけど，話し合うと意見を持てたから，話し合いってめちゃくちゃ大事だなぁと思った。4年のときは，国語めっちゃ簡単だったなぁと思った。久保先生が「なんで？」とかいう①から意見が深くなって国語の難しさに気付けた。3学期や6年生はどんなことが成長するのかが楽しみだなぁーと思った（A児）。
○初めてこの学習をした時は考えるのが難しかったです。けど，考えるうちに，いろいろな疑問がうかんでくるのでいろいろな考えが持てて，やっているうちに考えるのが楽しくなっていきました。難しい考えでも発表している人たちの意見を聞いて「じゃあ，これはこういうことか」と友達の意見からも難しいことが自分の意見でまとめられた時はうれしさもありました。私は「文から学ぶってとてもすごいんだな」と改めて思いました。文からだけじゃなくて友達の意見からもたくさんのことが学べました（B児）。

　2作品の比べ読みでは，色彩語や情景描写，擬音語や呼称の変化，象徴などの読みの技法を学び，それらを活用して言葉に注目しながら深く読んでいった。

1つの言葉や表現の奥に広がる世界の豊かさを発見していくおもしろさは，子どもの国語学習に対する見方をも大きく揺さぶった。本単元での学びをふり返る子どもの言葉からは，国語学習を通して自身の読みが変わっていく喜び，そこには他ならぬ学級の仲間と久保教諭の存在が深く関わっていることがわかる。色彩語や情景描写，呼称の変化など，それまではただの「色」や「景色」，「呼び名」にしかみえていなかったものが，形象の奥に隠された比喩的意味をもつものとしてみえてくるようになる。1つの言葉によってイメージされる世界が，自分の解釈や自分とは異なる仲間の解釈によって一層際立ってみえるようになる。一人一人が言葉を通して考え，作品世界や相手を理解し自分を知っていくことに誠実に向き合って初めて可能になることを，共通の感覚として子どもたちは掴んでいる。自分の言葉を関心と敬意をもって受け取ってくれる相手がいて「ここでなら自分を表現してもよい」「ここでならもっと成長できる」という喜びや希望を支えにして学びに向かう力は育っていくことを，上記のふり返りは物語っている。

（3）久保学級から生まれた学びの文化 10)──「先生攻撃」を読み解く

　ここまで，久保実践が子どもと教師の双方において，学ぶということの意味や他者に対する見方を更新していく力を宿していることをみてきた。ここでさらに，久保実践を語るうえで欠かすことのできない重要な用語に注目したい。それは「先生攻撃」と呼ばれるものである。「先生攻撃」とは何か。それは**表2**の下線部①のように，子どもの発言やワークシートの記述に対して久保教諭が「それってどういうこと？」「なんでそう思ったん？」と問い返していく行為／場面を指している。1学期から幾度となく久保教諭による問い返しを受けていたことをもとに子どもから命名されたとのことだったが，「先生攻撃」という言葉を初めて聴いたとき，なぜ「攻撃」と呼ばれているのか，筆者はその理解に苦慮した。そこで筆者は，2学期の「大造じいさんとガン」の参観時もたびたび「先生攻撃」の場面に立ち会うなかで，子どもが「先生攻撃」に応答していく姿に注目し，この言葉と行為・場面が久保学級においていかなるものとして受け取られているかを検討することとした11)。その後，参観授業や子

どものワークシートの分析，久保教諭とのクロストーク[12] を重ねるなかで，「先生攻撃」が担っている機能がみえてくると，久保学級における学びの文化としてこの言葉と行為が極めて重要な意味をもつことが浮き彫りになってきた。

　まずは2学期の「大造じいさんとガン」と「ごんぎつね」の比べ読みの学びをふり返る学習作文で「先生攻撃」に言及する子どもの語りをみてみよう。

表3　「先生攻撃」をめぐる子どものふり返り

○国語の授業とかの時により深く考えられたり自分の考えを枠いっぱいに書けたり，4人班で話すときには自分の考えをすぐに話せたりするようになったところが成長したと思う。さらに1学期の時は発表中に先生にいわれたらすぐにあきらめて発表をやめていたけど，「大造じいさんとガン」を勉強し始めてからは先生攻撃に負けずにゆっくりだけど答えられるようになったような気がする（C児）。

○私は自分が成長したと思う所は，久保先生がどう先生攻撃をしてくるか予想して意見を深められるようになったことです。4年まではただ先生が黒板に書いてあることをノートに写したり同じ人ばっかりが手を挙げたりとかしてなかったから，このときこの人はどんな気持ちかなとか物語の主題とかまったく考えたことがありませんでした。けど5年生になってからめちゃくちゃ考えられるようになってそのときの物語の中に入って気持ちを考えられるようになって，主題もわかるようになってきました（D児）。

　C児のように，1学期は「先生攻撃」にあうと，応答に困惑する経験を多くの子どもがしていたが，2学期に「大造じいさんとガン」を読み深めていくなかで，時間はかかっても自分の考えを表現することに徐々に自信がもてるようになってきた。また，久保学級で通称「矢印（を書く）」と呼ばれていた活動[13] が，実はワークシート上に綴った自分の考えに対して，自分で「先生攻撃」を行っている行為だとわかってきた。2学期のはじめは机間指導で子どもの書いた考えを教師が読み，その脇に教師が「←」の記号をつけて回っていた。しかし子どもたちは徐々に自分の考えに対して作品の叙述や仲間の発言と関連づけながら「←」を自ら書き添え，自分の考えに「それってどういうこと？」と問い返しをしていくようになった。まさにワークシート上での自己内対話である。

「1学期は全然深めていなくてプリントには意見だけしか書いていなかったけど，今回のワークシートには矢印がたくさんあってちゃんと深められていた」と自己評価を綴る子どももいた。

　さらに2学期半ばから子どもたちは，久保教諭が自分の発言や仲間の発言に対してどう応答してくるかを先読みして考えるようになった。そうして自分の考えが深まっていくD児のような学びの様式が学級に浸透していった。たとえば，班で互いの考えを聴き合う場面でも「それってどういうこと？」と尋ねあい，そう考えた理由や具体例を聴き出そうとする。3学期には学級全体での聴き合いで，誰に言われるまでもなく「○○○ってどういうことかっていうと…」と，自分に問い返して言い換えたり補足したりする子どももみられた。なかでも印象的だったのは，ワークシートが閉じられたまま手が止まっているF児に対し，隣席のE児が，自分の考えを書くよう促しているときのことである。F児のワークシートをE児が広げて，まず「○○○ってどういうことやと思う？」と問いかけ，F児の考えを聴くと，「そしたら，それ書いとき。」とワークシートを指さしていた。E児の姿は，2学期に自分の考えを書くことができず困っている子どもに対して久保教諭が机間指導で行っていたやりとりそのものであった。

　このように，久保学級における「先生攻撃」は，子どもにとって自分の考えを深める自己内対話と，そして一度聞いてわかったつもりにせず，より細やかに相手の声を聴く他者との対話に欠かせないものとして意味づけられ，そのよさが理解されてアプロプリエーション（専有）されていった。「先生攻撃」と命名されたのはある意味で，4年次までの子どもの被教育体験ゆえに，教室における教師の声は「自分を攻撃するもの」として受け取らざるを得なかった文脈があったことを想起させる。しかし文学作品の読みのなかで，考え合う授業を経験し，学びに対する考え方の編み直し[14]（unthinking）がなされていった。「先生攻撃に負けない」と語るC児にとって久保教諭は，それぞれの読みを交わし合える対等な相手とみなされているのだろう。「先生攻撃」はもはや，相手の声を最後まで聴き，その子にしかない読みを限りなくその子の言葉で理解しようと一人一人が努めるがゆえの行為として捉え直され，この学級になくて

はならない学びの文化として身体化されていったのである。

❸　教師―研究者関係にみる非対称性ゆえの権力関係の脱構築に向けて

　教師と協働して行う授業研究は，研究者自身の授業観や学習に対する信念を見つめ直す機会を幾度となく提供してくれる。上述の授業研究の過程もまさに筆者にとって思いがけない発見と自己への問い直しの連続であり，こうして久保実践を記述している今もなおその渦中にある。なかでも，国語科授業論を専門とする松崎氏とともに行った，文学作品の読みをめぐる重層的な教材研究（読みの技法に着目して深い理解を目指す授業づくりのための教材研究や，当該の文学作品の授業実践史からみえる論点整理，文学作品の協働的な教材解釈など）は，久保学級における子どもの考えや教師の自作ワークシートを分析・解釈する重要なフレームとなっている。定期的なクロストークや参観後のディスカッションでは，久保教諭が授業の渦中で巡らせていた実践的省察を聴き，授業内の教授行為の意図や小学校教師として久保教諭が目指そうとする教育目標像との関係で授業の事実を理解することに努めてきた。

　一方で，教育方法学を専門とする筆者にとって授業研究は倫理的瞬間の連続でもある。参観教室での居方はもちろん，授業で出合う事実をめぐって教師や参観者らと省察・対話する場での立ち位置や語り口，そうした一連の流れをもとに授業分析を言語化・論文化していく過程に至るまで，研究者としての自身のありように対する葛藤やためらいから解放されることは，20年近く授業研究に携わってきた今となってもまずない。

　たとえば，参観している自分には授業の何がみえているのか，授業をみている私がみえているのかは，単に私の参観時の立ち居振る舞いに解消されるものではない。授業の事実の解釈妥当性，ひいては研究者自身の授業観そのものも問われるのである。校内授業研究会で指導助言者や共同研究者として実践にかかわる際も，実践を省察する教師の言葉が自分には聴けているのか，筆者のような外部の研究者が持ち込む用語や知識が果たして教師の切実な問いに意味あ

るものとして受け取られるのか，協働して授業研究に取り組む両者のやりとりが双方に何をもたらしているのかを俯瞰する必要性を感じてきた。研究者が経験するこうした葛藤やためらいがフィールドに関わる年数や頻度を問わず多くの研究者間に共通する情動的経験なのだとすれば，それは教師（研究協力者）――研究者間の関係における非対称性ゆえの権力性の問題に根差した普遍的問題であるからなのだろう。

　藤原（2013）は質的研究の過程と結果につきまとう2つの論点として，「他者表象が持つ倫理性や政治性の問題」と，「社会的現実の相互行為的・言語的構築に伴う再帰性の問題」に言及している。換言すれば，一つは，研究協力者（他者）の経験や生，文化等を，研究者の問題関心や利益を優先させて都合よく描いてはいないかという疑念がついて回る問題である。もう一つは，記述しようとする社会的現実自体は，教師――研究者の主体間の相互行為を通して，他の解釈可能性もあるなかでの1バージョンとして，言語的にテクストが構築されるわけであって，研究者自身が研究に与える影響を絶えず点検・説明する責任が伴うという点である[15]。そのため，教師――研究者間に横たわる権力性にかかわる問題群は，藤原が指摘するように，データ収集や研究結果公表の許諾，公表に伴う研究協力者の不利益防止等の研究倫理を遵守するだけでは解決し得ないと認識すべきである。権力関係の脱構築に向けては，研究者が研究をめぐる再帰性を強く自覚しつつその内実を省察的に明示すること（その際，研究者の何が表明するのかも論点の一つである）の重要性を藤原は指摘している。

　筆者が2節（3）で試みた久保学級における学びの文化の解読は，クロストークにおいて「先生攻撃」という久保実践に固有の文化を見いだし，子どもと教師の自己変革のダイナミズムを記述するうえで不可欠な「現象（先生攻撃）」を概念化しようとする営みであった。しかも「先生攻撃」を，いわゆる教師による「問い返し」といった既成の用語に当てはめるのではなく，久保学級の学びに固有の意味をもつものとして解釈し直す，いわば異化作用をもたらす三者間の対話的実践として示そうと試みたものである。本実践の「当事者」は久保教諭と子どもたちであるが，その「当事者の世界は単独の孤立したものではな

く，そこにかかわる人，環境を含み込んだもの」である。そこに「積極的にかかわる人との交わりを通じてのみ当事者性を保つ」（森岡：2007 pp.190f, 193）ことができるのだと考えれば，研究者らが当事者視点に立つためには，「その人固有の生活の文脈に即して」相手にアプローチし，聴き手が「会話を通じて生まれてくる文脈にふさわしい言い表し方を一緒に探していくというスタンス」[16] がとれるかどうかが重要である。研究者が他ならぬその教師との授業研究にコミットして協働的に行っていくのであれば，教師や子どもが語る言葉と，研究者らが語る言葉とのあいだにある差異への感度を保ちながらも，当該実践に固有の文化を観察・記述し，その意味を解釈していくうえでの，いわば当事者自身のレンズの解像度をあげていくことに寄与するものではなくてはならない。そのことが教師の自律的な授業研究を支える一つの条件であり，研究者の研究倫理として重要となるのではないだろうか。

❹　教師の自律的な授業研究を支える協働研究に向けて

　久保実践の授業研究が示すように，本稿タイトルの，授業を通した子どもと教師の「自己変革」は，能動態（active ／する）と受動態（passive ／される）の二分法では説明することが難しい現象であることがわかる。「変わる」／「変わらされる」のいずれにも当てはまらない，一方がかかわることでもう一方が変わり，その影響を受けてまた一方も変わっていき，その過程で両者の関係も変化していく，「気づけばなんとなく」変わっていたという状態である。その意味で「自己変革」は能動／受動のいずれにも分類されない，「主語が己の行為の作用を自らで受ける」ことを特徴とする「中動態」[17] 的現象といえる。

　このような前提に立つならば，教師が授業研究を通して自律的に学び育ち自己変革していく状況は，子どもや研究者ら他者とのどのような協働によって成立していくのかの検討が必要である。しかも，再帰性と不確実性をその特徴とする教育実践においては，ある教室で教師の働きかけの結果が子どもの変化として現れた際に，その教室において有効に機能したプログラムが別の文脈にお

いても同等の結果をもたらす保障はない。したがって，教師が自らを変革して
いく契機を，日々の実践の文脈のなかに捉えていこうとする省察の質（レンズ
の解像度）を問い，因果関係の枠組みで安易に子どもと教師の変容を捉えない
誠実さが求められる。また，不確実性ゆえの教育実践の創造的性格を鑑みれば，
当該学級に固有の学びの文化が社会的な相互作用を通して生成されていく過程
を，その文脈に即して記述し，理解していくための言語や概念を教師と研究者
間で協働的に構築していくことが重要である。これらは質的研究に携わる研究
者の研究倫理を考えるうえでも，避けて通ることのできない論点である。もう
一人の当事者である研究者が，当事者としての教師と子どもの一人一人の声に
耳を傾けていくことから授業研究実践の省察が始まることを忘れてはならない。

注

1) 姫野完治（2020）「ICT の技術革新から学校を考える」，並びに，川地亜弥子（2020）
「子どもの安全・安心を保障する学校づくり」，日本教育方法学会編『公教育と
しての学校を問い直す―コロナ禍のオンライン教育・貧困・関係性をまなざす』（教
育方法 49）図書文化，pp.97-111。
2) 佐藤学（1995）「学びの対話的実践へ」佐伯胖・藤田英典・佐藤学編『学びへの誘い』
東京大学出版会，p.72.
3) 吉永紀子・松崎正治（2020）「学びの深さを志向する学級における教師の〈結び
付ける力〉の分析―文学教材の読みをめぐる学習者の変容を通して―」『同志社
女子大学　総合文化研究所紀要』第 37 巻，pp.48-63，並びに，吉永紀子・久保恵
美・松崎正治（2021）「幸せな人生を歩むための学力形成を目指して―久保恵美
教諭の小学 5 年・国語の教育実践を読み解く―」『日本教育方法学会第 23 回研究
集会報告書』pp.39-51。
4) 浅井は久保教諭が大事にしてきた「聴く」を次のように意味づけている。「子ど
もたちは何かを考えており，子どもが語ることには価値がある，そのことを前提
にして耳を傾けてこられたのだと感じた。単にお互いに聴きあうというのではな
く，対象（この報告では文学作品のテキスト）に耳を傾ける子どもの声に耳を傾
けるというかたちで，対象のある聴きあう関係になっていることもこの実践の重
要なポイントだと思う。また正解が大事なのではなく，考えが繋がりながら読み
が深まっていくことが重要だという考えも，学びを文化と意味の共同構築として
捉えるリスニング・ペタゴジーと共通していると思った。そのベースには子ども
への尊重と信頼がある」（浅井幸子（2021）「学びの主体としての子ども」『日本

教育方法学会第 23 回研究集会報告書』p.73）。

5）比べ読みは複数のテクストを結び付けて読む手法であり，国語教育では複数の先行実践や先行研究によって取り上げられてきた。その詳細は吉永・松崎（2020）に記したが，子どもの学習において注目すべき「比べ読み」の 2 つの特徴について言及しておく。「比べ読み」は，（1）2 つ以上の作品を比較して読み，それらの作品の差異と共通点を明らかにしようとすることによって，作品単独で読むときよりもより深く鮮明に，作品世界を解釈することが可能になること，また（2）対象となる作品を読むときの技法を意識して読むことが促される利点があるというものである。

6）久保恵美教諭作成の資料「2017 年度実践の歩み」より引用。

7）「事件としての読み」と「読みの快楽」については，小森陽一・紅野謙介・佐藤学「［対談］教室の言語経験─『出来事』の誘発へ─」，佐伯胖・藤田英典・佐藤学編（1995）『言葉という絆』東京大学出版会，pp.224-234 を参照している。

8）注 6 同上資料。

9）ここでいう「そのとき」の子どもの実態に即した教材づくりは，国語学習のみならず，そのときの個々の子どもや学級集団が抱える課題から，その教材がどうかかわることができるかという観点からも綿密に検討されている点が特徴的である。「大造じいさんとガン」と「ごんぎつね」の比べ読みにおいていえば，2 つの作品は「目の前にいる，異なる世界に生きる異質な対象（他者）にどう向き合うか」という点で共通性があると捉えた久保教諭は，当時の学級の子どもたちにとって「他者認識の変容の必要性」を課題と捉えていたことも，2 作品の比べ読みを構想するうえで意識したという。注 3 に記した吉永・松崎（2020）に詳述している。

10）本稿で用いる「学びの文化」については，その学級集団が共有する，「学ぶ」ということにかかわる価値意識や，その学級の構成員によって構築されてきた学びの様式・学び方と暫定的に定義しておく。類似する概念としては「学級文化」という用語があり，山﨑英則・片上宗二編（2003）『教育用語辞典─教育新時代の新しいスタンダード─』（ミネルヴァ書房）では「学級集団が共有する価値意識や規範，行動様式など」（p.82）と定義されている。

11）清矢良崇（2001）はフィールドリサーチにおける「現象」を観る上での基本的視点の一つとして，「日常生活」における行為に対する意味付与には，そこで使用される「日常言語」が介在しているため，人々にとっての「行為の意味」を理解するには，社会的相互行為のなかで行われる人々の言葉のやりとりをできるだけ正確に記録すべきであるという。久保学級において「先生攻撃」と命名されたいきさつと，「先生攻撃」の意味を理解するには，教師と子どもの言葉のやりとりの正確な記録（ビデオ映像，フィールドノーツ）に基づいて考察することに努めた。（清矢良崇（2001）「研究者が AV 機器を用いるのはなぜか」，石黒広明編『AV機器をもってフィールドへ─保育・教育・社会的実践の理解と研究のために─』

新曜社，pp.29-46.）
12）2017-2019 年度の 3 年間にわたる久保教諭の実践をめぐっては，久保教諭と松崎正治氏（専門は国語科授業論・教師教育），筆者（専門は教育方法学・教師教育）の 3 名で半年に 1 回程度のクロストーク（cross talk）を行っていた。クロストークでは，参観した実践について印象的なエピソードをもとに子どもの変容に対する解釈を語り合ったり，授業に関わる重要なポイントに関する意味づけをしあったりする。また久保教諭のライフヒストリーの聴き取りや，協働で執筆した原稿の検討も行ってきた。
13）教師自作のワークシートに記載された本時の問いに対する自分の考えをまず書き込む。そこに「←（矢印）」を書き添え，自分の最初の考えに関わってもう一人の自分が問いかけたり応答したりすることを指す。
14）川本隆史（2015）が用いる《編み直し》という語は，元はパラダイムの限界を剔抉（てきけつ）する方法的態度として，イマニュエル・ウォーラーステインが採用した《unthinking》を，鶴見俊輔（1994）が与えた絶妙な訳語として紹介したものである。「考えを戻す，またその考えを振りほどく」という反復行為の意味から，「セーターをほどいて同じ毛糸で次のセーターを身の丈に合わせて編み直す」ように，「誤りに対する共感をくぐりながら私たちの必要に合わせて元の思想を再編成する」働きを表す言葉である。久保学級の子どもも自分たちがそれまで気づいていなかった学び方の身体感覚にあわせて考え方も再編成していったことが見て取れることから，編み直すという用語が彼らのいきさつを表現するのに相応しいといえよう。（川本隆史（2015）「正義とケアの編み直し─脱中心化と脱集計化に向かって─」，東京大学教育学部カリキュラム・イノベーション研究会編『カリキュラム・イノベーション─新しい学びの創造へ向けて』東京大学出版会，p.179. 鶴見俊輔（1994）「Unthink をめぐって─日米比較精神史」，京都精華大学出版会編『リベラリズムの苦悶─イマニュエル・ウォーラーステインが語る混沌の未来』阿吽社.）
15）藤原顕（2013）「教師のライフヒストリー研究に関する方法論の検討」『福山市立大学教育学部研究紀要』第 1 号，pp.79-94。
16）森岡正芳（2007）「当事者視点に立つということ」宮内洋・今尾真弓編『あなたは当事者ではない─「当事者」をめぐる質的心理学研究─』北大路書房，pp.185-195。
17）國分功一郎（2017）『中動態の世界─意志と責任の考古学』医学書院。

参考文献

・浜本純逸 監，松崎正治 編（2010）『文学の授業づくりハンドブック 授業実践史をふまえて〈第 2 巻〉小学校・中学年編／詩編』溪水社.
・浜本純逸 監，藤原顕 編（2010）『文学の授業づくりハンドブック─授業実践史をふまえて〈第 3 巻〉小学校・高学年編 / 単元学習編』溪水社.

2　授業研究者をとりまく教育臨床研究の倫理に関わる問題群

北海道教育大学　**宮原　順寛**

　本稿の第1節では，題名に含まれる用語について解説しつつ，本稿のねらいについて述べる。第2節から第5節では，具体的な問題群を取り上げて検討する。

❶　問題群，授業研究者，教育臨床研究，そして倫理

（1）問題群

　中村雄二郎には『問題群』という著作がある。中村（1988：ii）によれば，「〈問題群〉というのは，問題の集まりであるとともに，プロブレマティック（問題意識）ということも含意している」。それに倣って，本稿では，教育臨床研究に関わる4つの倫理的な問題群を採り上げながら，そこに通底する，教育方法学を学び授業研究に携わる者の倫理とは何かの一端について考察したい。その際，中村もそうしたように「我が身を振り返って」，筆者のライフストーリーをごく断片的に交えながら考察を記述する。これらの問題群は，それぞれの関連性としてはそれほど明瞭ではなく，また，軽々に一般化することはできない内容であるにしても，不在あるいは不可視となっている授業研究者に関わる倫理的な問題群を現在化させる契機になるものと考える。

（2）授業研究者と教育臨床研究

　授業研究者という用語は，本来は教育実践者が自分や同僚の授業を検討する場合も含めた広い意味で捉えられるべきである。しかし本稿では，授業を対象領域とする研究専門職の人びとのことを念頭において，この言葉を狭い意味で用いる。

　また，本稿においては，教育臨床実践に関する研究を，庄井良信（2018:124-

125）に範を取り，「詩的でナラティブな定性的データを活用した省察的実践」
に伴走する学問であると位置づける。その前提には，人間を「外界から被る―
その多くは予期せぬ―体験を，他者と共有しうる語り・物語という記号（表象）
へと転換しながら生きる存在」であると捉える，ヴィゴツキーの情動体験概念
に由来する認識がある。

（3）道徳と倫理

　道徳と倫理の区別を伊藤亜紗（2020：34-38; 43; 46-47）は一般を前提とする
か否かの違いとして捉えている。つまり，人間一般を考えるのは道徳であって，
一般が通じないズレについて考えることが倫理だと伊藤は述べている。その際，
伊藤は，「高みから俯瞰しないで，蟻のように地を這い，具体的な状況のなか
を動きながら記述する」という姿勢をブルーノ・ラトゥールが提唱するアクタ
ーネットワーク理論（ANT）から学んでいる。ただし，相対主義や不干渉と
表裏一体となりやすい多様性という言葉に安住するのではなく，「具体的な状
況と普遍的な価値のあいだを往復すること，そうすることで異なるさまざまな
立場をつなげていくこと」を伊藤は倫理的な営みと規定している。この立場は，
本稿における教育臨床研究の倫理の捉え方とたいへん親和性が高い。

（4）見方の倫理

　佐藤岳詩（2021：45; 66-67; 78; 87）は，倫理学史を踏まえながら，倫理に関
する見解はおよそ以下の4種類であると整理している。1つ目は，今の私たち
にとって重要なものは何かと問う重要性基準である。2つ目は，現在の自分よ
りも将来の自分を優先して考えたときに，よりよい自己に到達するための助言
となるものが倫理であるという理想像基準である。3つ目は，意図に基づく行
為と意図に基づかない動作とを区別し，大事なことはその行為の意図であって
帰結ではないとする立場である。4つ目は，「自分のなかの偏見やステレオタ
イプな見方を離れて，対象を丁寧に見ようとすること，対象と真摯に向き合お
うとすることが倫理的に重要な前進であ〔る〕」とする立場である。

　最初の3つの倫理の立脚点は，基準の違いはあるが，いずれも倫理の外側に
立ってよい選択をしようとするものである。これらを総称して「選択の倫理」

と佐藤は呼んでいる。これに対して4つ目の倫理の立脚点は，自分は世界をどのようにみているかを問う捉え方であり，「見方の倫理」と佐藤は呼んでいる。そして，佐藤の立場は，後者を支持することで前者の3つが補強されるというものである。

　本稿では，筆者が異化論を踏まえた現象学的教育学の立場であることから，親和性の高い4つ目の倫理の捉え方を中心に据えて授業研究の倫理について探っていきたい。ここでいう現象学的教育学については，紙幅の関係で村井尚子（2022）の論考に筆者の問題意識がたいへん近い位置にあることを表明するに留める。そこでは，教育的タクト，記述と解釈，省察，教育学的な思慮深さ，「子どもは何を体験しているか」という問い掛け，中動態や当事者研究への着目などの議論が展開されている。

　このことを授業研究の一場面に置き換えて考えてみよう。授業研究者として参観しているときに「この授業はよくない」と感じる授業もある。子どもたちが学びに没頭することができていないと授業研究者に感じられる授業では特にそのような思いが募る。しかし，授業が終わって子どもたちが次の教室に移る際に，先ほどはつまらなそうにしていた子どもから「あ〜おもしろかった」という声が誰に伝えるともなく漏れることがある。驚くべきことである。なぜあの授業がこの子どもにとっておもしろいと感じられたのか。そのようなときに，自分の授業研究ノートを見返して，子どもたちの経験に即して再び分析を行い，事後検討会での語りを組み立て直すことができるだろうか。これこそが，先述した佐藤がいうところの見方基準での倫理的な姿勢に開かれているか否かの試金石ではないだろうか。質的な記述データの自己検証の可能性ともいってよい。授業研究者自身の見取りをいったん保留して，授業者や子どもたちが体験した世界から授業を眺め返すことができるかが問われるところである。

❷　事後検討会における授業研究者の発言のあり方

　これまでにも授業研究における事後検討会あるいはリフレクションの場にお

ける授業研究者や参観者のコメントについて，さまざまなあり方が提起されて
きている。本節では，まず筆者にとって示唆的であった提起を列挙しながら，
その後に自身の体験を検討したい。つまみ食い的な引用とみえるであろうが，
筆者のライフストーリーにおける忘れ難い言葉であるとして読んでいただきた
い。また，本節においては，参照元の文献註記を行いつつも，あえて引用とい
う形ではなくて筆者による要約という形にして，筆者にとってそれらの提言が
どのように消化されているかを示しつつ記述する。

（1）見方の倫理に向かう事後検討会のための理論的提起

　観察者は権力者であると佐藤学（2005：7）はいう。見る―見られるという
関係は，非対称で絶対的な関係である。参観者は何でもいえる無責任な存在で
あり，授業者は何でも甘受せざるをえない無防備な存在である。だからこそ，
参観者は，「査定する」「非難する」「助言する」という私の世界への固執をいっ
たん保留して，「立ち止まる」「驚き感動する」「学ぶ」という姿勢で相手（授
業者や学習者）の世界へ入ろうとする必要がある。

　「驚き感動する」ということに関しては，中野和光（2003：193-194）が「教
育学とは子どもたちの成長に恍惚となること」であり，「感動の性質をあるが
ままに調べ，その本質的な主題を反省して書くことが，現象学的教育学であ
る」と述べている。

　このような「感動」は藤岡完治（1998：228-230）がいうところの「見え」
の中に含まれると筆者は考える。藤岡は，子どもが授業のなかで体験している
内的な事実に焦点化すること，授業者の願いや意図を中心に据えること，お互
いの「見え」の世界を交流すること，授業の実際の文脈において行動を通して
行動を改善していくことを提起している。授業者の願いや意図を中心に据える
という定位の仕方により，実は既に「見え」が自己の基準への固執に留まらな
い「感動」の発見の契機となっている。

　このような視点を持って筆者が授業研究に入るときに，庄井（2004：115）
の提起する教師観や授業研究観が支えとなっている。庄井は，ダメな教師（援
助者）だから困難を抱えているのではないという教師観を提起する。そうでは

なくて，誠実な教師だからこそ困難と向き合い，後ずさりせざるをえないという。悲しく深い困難を，ひとりで抱え込まずに，複数の同僚や専門家たちと，穏やかに語り合い，責め合うことなく理解し合うという同僚性を庄井は求めている。このことは，同僚ならざる外部からの授業研究者にとっても，自らの基準に拠って断罪する重要性基準や理想像基準の倫理観から，自らの見方を変える関係性変革の倫理観へと組み変えていく契機となるであろう。

（2）授業研究者のコメントが実践家の傷つきとともに記憶されている事例

　しかし，実際の筆者の授業研究者としての授業分析コメントは，時として「責め合うことなく」とはいえないものであった。以下に筆者のコメントが実践家の傷つきとともに記憶されて語られた2つの事例を挙げよう。

　ある授業研究の事後検討会での筆者の発言について，10年ほど経ってから，当時の授業者であった実践家は，「昔，宮原先生に『子どものせいにしましたね』と言われました」とぽつりと語った。実践家は投げ掛けられた言葉を詩的言語として受け止めて胸に仕舞って実践を続けていた。それをねらって意図的に言葉を選んだのだという記憶が，その時の有志参加の小さな会議室の情景とともに筆者にも思い起こされた。この遣り取りが成立したのは，ひどい言葉を選んででも伝えようとした筆者の言葉の力というよりも，むしろその呪いの言葉にも負けずに実践を思慮深く追究し続けた実践家側の聴く力の賜物だろうか。10年前の自分の言葉を聴き，省察の機会を得ることができた。

　次に示すのも，授業研究者のコメントが実践家の傷つきとともに記憶されている事例である。遠隔開催の事後検討会の後に，校長から印象に残ったことを尋ねられた授業者が漏らした感想は，「宮原先生から『この学級は，今はいいが，これから危なくなる』と言われました」というものであった。この言葉は，数ヶ月後に別の学校での授業研究に出張してやって来た先述の学校の同僚教師から，どんな意図や根拠でそのようなコメントになったのかという質問として筆者に再び提示された。質問という形は採っているものの，半ば，傷つけられた同僚に代わる抗議だったようにも思われる。当該の分析コメントは，授業が全体の流れとしては対話的な雰囲気の中で展開していたにも関わらず，学ぶことがで

きていない「しんどい」子どもが教師にも級友にも気づかれないまま放置され
ていたことを根拠にしてのことであった。庄井（2018：124）は「詩的言語が
日常生活の未来を構想する詩学としての機能を有している」という。そうだと
すれば，学級が崩壊する兆しを語ることは，反語的にそうではない学級を構想
する契機となるといえるのではないか。しかしながら，物理的にではなくても
権威的に「大きな声」を出して殊更に未然の危機感を煽ることによって授業観
の変革を性急に求めてしまった感は否めない。

　筆者が無責任な観察者として浴びせてしまった授業者の身をえぐるような言
葉を本稿に書くことができるのは，時には10年近くの時を経て，時には遠隔
地の距離を詰めて，筆者にその言葉を再考させてくれる実践家がいるからこそ
である。これ以外にも多くの辛辣な言葉を筆者は投げ掛けていたことだろう。
投げ返すことができなかった実践家や投げ返したくもなかった実践家が多くい
たであろうと想像すると，自らの所業に戦慄する。

　実践家がこの授業で提起したかった世界に研究者の方から一歩足を踏み入れ
ることができているかという観点からの授業研究者の省察が問われるところで
ある。言い換えれば，授業研究において授業研究者が持ち込んだ規範や評価基
準が実践家に押しつけられていないか，既成の授業づくりや学級づくりの手順
を学校現場に教え込もうとしているのではないか，事後検討会でのコメントは
内省を誘発する「考えやすい」問いになっているのか，という問題群である。

　しかし一方で，こうも考えるのである。日常的な協働が求められる同僚とし
ての発言と，外部性をもった実践の異化を期待されて非日常的に参加する授業
研究者の発言とでは，異なる基準によってメタ評価が行われてよいのではない
か。授業研究者は教師たちの同僚になるために授業研究に行くのではなくて，
学校の側からすれば省察の契機とするために，研究者の側からすれば自らの学
びの契機を得るために，そして両者にとっては授業や学校の改革運動を推進す
るために授業研究に行くのではなかったか。

❸　異動とわたりによる教師と授業研究者の危機

（1）　教師の異動

　人事異動は大きな人生の転換点である。働く場所や生活する場所が変わるというだけでは済まない。ときには生き方を問われる事態に陥る者もいる。授業者あるいは教育者としての評価が逆転することもある。

　ある流派の教育研究運動が盛んな学校から，そうではない学校に異動した後の教師のショック状態ともいうべき事態をどう支えるかということは，授業研究者の使命の1つではないだろうか。例えば，「1枚の指導案」あるいは「見えない指導案」という研究理念を掲げて子どもの事実から学んで授業の構想力を高めようとする授業研究に学校を挙げて取り組んだ若い教師が，次の学校に異動すると「ろくに学習指導案を書くことができない教師」という批判を受けてしまうことがある。また，子どものつぶやきを聴き取って学習指導案の計画を授業中に変更することを，教育的タクトが発揮された姿だと捉えるのか，それともそれを指導力のなさだと捉えるのか，実際の教室での出来事は同じであっても参観者の評価は異なることがある。教師自身は異動しなくても，校長の異動で学校の方針が変わり，職員室に居づらくなることもある。

　授業研究者の学校訪問の継続と学校外での民間教育研究サークルの運営は，そのような教師を支える活動ともなる。授業研究者が授業を見てコメントをする。その授業観や子ども観に共感をしてくれる教師たちがいる。その場限りでもその年度限りでもなく，共に学び合う関係性を継続していくことができるか，言い換えれば，授業研究者が教育研究運動を進めることができるかということが問われている。吉本均（1979：193）は「科学は亡びない，運動も亡びない，科学は運動とともにしかない」という言葉を示している。教師たちの生き方を支える構想を時代が要請している。

（2）　授業研究者の異動

　授業研究者は生涯でどの程度に所属を変えるのだろうか。1つの地域に腰を据えて生涯を過ごす授業研究者は，筆者からみればたいへん幸運な境遇のよう

に思われる。科学技術政策研究所の報告書（2009：2-82）によれば，20年以上研究職にある人のうちの6割は職場が変わるという経験を1回以上したことがあると回答している。

　筆者は，2010年10月に，長崎県佐世保市にある長崎県立大学から北海道教育大学に異動した。在職して11年目のことであり，諌早授業研究会や，佐世保市およびその近郊の小中高校との授業研究が本格化しつつある時期でもあった。また，10月の遠隔地への異動ということもあって，小中高校のうちのいくつかは既に予定されていた校内研究や研究発表大会の講師を，他の研究者に代わってもらわざるをえない状況となった。授業研究者の倫理についての論考を書きながら，けっして倫理的な振る舞いばかりをしてきたわけではない自分に思い至る。

　なぜ異動する必要があったのかを筆者の側の論理として述べることはできるが，授業研究の約束が果たされなかった側の実践家としてはそれを丸ごと肯定することは難しいであろう。九州のある高校での2年間にわたる授業研究を引き受けた際に，窓口となった教師から投げ掛けられた言葉が今でも思い出される。「研究者は自分の都合ですぐに居なくなる。あなたはそうならないでくださいね。」この予言めいた言葉は，赴任地に根を張って授業研究の輪を広げていきたいという思いで初任校時代を過ごしていたその当時の筆者にとっては，他人事であった。しかし，1年後に現実のものとなった。佐藤（2021）が整理した3つ目の倫理の議論のされ方，つまり，行為の意図を基準とするならば，実践家を傷つける意図はなかったため，免責されることになる。しかし，はたしてそうなのだろうか。九州から北海道へという遠距離の異動を経験することで，授業研究者として地域の教育に責任をもつとはどうすることなのかと問い返す日々を送ることになった。

　このことに関連して想起されるのは中根成寿の論考である。中根（2010：118-119）は，当事者としての障害者とその家族を念頭におきながら，そこから立ち去ることが許された研究者の義務とは何かと問うている。調査者は，根源的にケアを必要とする場（「当事」）から立ち去ることができる。立ち去るこ

とができるからこそ，「あなたが『当事』から立ち去っても，私が生きているこの現実が，離れた場所でもあなたによって承認されてほしい」という当事者からの承認の欲望が調査者に向けられると中根はいう。

　この中根の考察は障害者とその家族という当事者に関するものであり，本稿で筆者が取り扱っている授業研究に直接に当てはめることは適当ではない。どのような読み替えがどこまで許されるだろうか。授業研究者からの承認を授業者が求めるのだろうか。もちろん「子どもたちからの承認が得られればよい」「授業研究者からの承認はいらない」といった意見の授業者もいるだろう。日頃は外部の授業研究者の存在それ自体を意識していない教師も多いだろう。しかし，ひとたび授業研究者が目の前に現れたとしたら，うまく授業をやっているかというシングルループ的な発想であれ，本当によい授業をやっているかというダブルループ的な発想であれ，何らかの承認を得たいと思うのではないだろうか。「請け負った仕事は途中で投げ出すな」という以上の意味が，先述した高校教師の予言の言葉に込められているように思えてならない。

（3）複数の授業研究運動の間のわたり

　へき地複式教育の世界には「わたり」と呼ばれる教授行為がある。そこでは，複数学年を担任する教師が，異なる学年の学習を同時に進行させながら，直接に指導する場面と間接的に指導する場面を切り換えて，授業が展開する。このことを「わたり」と呼ぶ。この「わたり」になぞらえながら，授業研究者が複数の研究理念を持つ研究団体を同時に経験する意味について，授業研究者を巡る倫理的な問題群の一つとして考える。

　学びの共同体と学習集団づくり研究との両方の授業研究運動に筆者は属している。筆者は，学部生時代に長崎県の諫早授業研究会の夏季講座に参加した。その縁で学習集団づくり研究に加わることとなり，大学院進学を機に広島の現代学級経営研究会（後に現代学習集団授業研究会と改称）にも参加している。その一方で，前任校時代に佐世保市にある中学校の近藤真校長の学校づくりに参加するなかで学びの共同体とも出合った。現任校に異動してからは，学びの共同体に関係が深い北海道学びのネットワークに参加している。つまり，学習

集団づくり研究におよそ30年，学びの共同体に20年近く，いずれもその周縁の位置においてではあるが，わたりながら，途切れずに関わっている。筆者はまるでイソップ寓話の蝙蝠（コウモリ）のような存在である。以下に続く考察は，コウモリだからこそ書くことができる悩みである。

　2013年の日本教育方法学会第49回大会の課題研究において，学びの共同体論と学習集団論との間での論争が行われた。その論争を踏まえて，翌年刊行された『教育方法43』には久田敏彦論文と佐藤学論文が集録されている。久田（2014：73）は，学びの共同体論が学習集団論に示唆するものとして3点，学びの共同体への批判として5点を整理している。特に，学びの共同体には「ケア論はあっても，『自治』の視座がない」と久田は指摘している。一方で，佐藤論文（2014）には学習集団論に対するものだと特定した批判はおそらく敢えて書かれていない。論争はすれ違ったままである。

　これは両方の運動体に所属する授業研究者にとってはどのような倫理的な状況なのかと問い直していただきたい。複数の研究団体の理念を同時に授業研究者自身の分析観点とすることは可能なのだろうか。一人の授業研究者が自らの中で多声的であるということは，豊穣でもあるが，困惑でもあるのだ。複数の助言者で一つの授業を見てそれぞれがコメントをするときに，「これから違うことを言う，時には矛盾したことを言う，だからこそ授業研究で教師たちも研究者たちも学び合うことができる」という声明を出すことは，他の参観者にとっても授業研究者同士にとっても救いとなる。同じことを一人の授業研究者によるコメントで行った場合は，混乱の要因になってしまうだろうか。

　一人の授業研究者は，学部時代，修士課程，博士課程，ポストドクター期，就職後と，それぞれの生活環境を変えながら，そこで出会う多様な研究者や実践家と交流していくなかで育っていく。ときに対立的な争点を抱える異なる教育研究団体に同時に所属することもある。このことについても，授業研究者のライフステージにおける危機として捉えて，関係者間の相互理解を図るための論争を含めた契機を模索していきたい。

❹　授業研究者の身体の有徴性

　社会学者の樋口直人（2010：89-90）は，当事者と研究者を分ける前提を有
徴性と無徴性であるとしている。無徴性とは，「自らは普遍的基準を体現して
おり，存在を問われなくてよいという前提」のことである。言い換えれば，研
究対象として選定した特性から研究者は無縁であるということである。

　授業研究者の身体性についてはどのように捉えられてきただろうか。授業研
究者の経験や判断などの精神に関する部分については個別の主体としてその多
様性が認められてきたところである。しかし，授業研究者の身体については，
公的に語られていないのではないか。さらに付け加えれば，精神についても，
冷静な判断ができる主体としての部分だけが切り取られて，「普遍的基準を体
現」したものとして認識され，客観的な観察が個々の人間を超えて共通に存在
するとされてきたのではないだろうか。

　しかし，例えば，視覚や聴覚の感度には個人個人によって違いがある。視覚
については，視力だけではなくて，色の見分けや，身長の高低による見える範
囲の違いも存在している。聴覚であれば，同じ教室にいたとしても，ある子ど
ものつぶやきが聞こえる耳と聞こえない耳がある。あるいは，授業中の会話や
子どもたちの名前をそのまま再現できる記憶力があるか否かも個人差があると
ころだ。筆者には他者の名前を覚えることがかなり難しい。事後検討会の最中
に何度も同じ子どもの写真を指さして「この子は何という名前でしたっけ？」
と授業者や参観者に質問している。

　これらの授業研究者個々人の知覚などの特性の違いが筆者の中で倫理的な問
題群の一つとして顕在化したのは，ICTを活用した授業研究を行うようになっ
てからである。例えば，性能が格段に向上した小型カメラに延長アームを取り
付けてグループワークの様子を撮ったとしよう。これまでは自分の身長の限界
が見えるものの境界線であった。それに対して，授業研究者の身体の「延長」
（マクルーハンほか，1995：26）ともいうべきカメラが，3人が頭を寄せて学び
合っている様子を真上から映し出す。教室の音声を明瞭に拾うようになった小

型カメラによって撮影された動画を，少し奮発して購入したヘッドフォンで聴いた場合に，これまでなら筆者にはうまく聴き取ることができなかった教室での会話が手に取るように理解できるようになることもある。「手に取る」という表現を使ったということは「見取る」よりも近くに感じているということだ。

　教室の中での子どもたちの発話は，後からビデオ等をもとにして作成される逐語記録を含めて，ほぼ完全に聞き取られることが前提となっている。しかし，実際の教室空間では筆者にはうまく聞こえない言葉が多かった。複数の研究者が参加した授業研究会では筆者のコメントに訓育的な関わりへの言及が多いという指摘を受けることがあった。陶冶的な側面を押さえない訓育論は，態度主義を招く危険性がある。そう自戒しつつも訓育的な関係性の分析が中心になっていたのは，教科内容についての子どもたちの言葉を筆者がうまく聞き取ることができていなかったからではないだろうか。

　とはいえ，人間は聞いたものをすべて脳内に反映させるのではなくて，むしろ聴きたいものを脳内に再構成する。そうだとすれば，これは必ずしも身体的な限界であるだけではなくて，筆者の構えに由来する限界かもしれない。ここでの構えとは，何を聴き何を分析するかという研究の枠組みである。子どもの声を聴くといいながら，その中でも専ら関わり合う言葉に対して聴力を働かせ，教科内容についての遣り取りには比較的に無頓着だったのかもしれない。ただし，その可能性についてはここではおいておきたい。

　子どもの特性や障害については授業研究の事後検討会の中でもしばしば議論されている。これに対して，授業者としての教師の特性や障害については，『障害のある先生たち』（羽田野・照山・松波編 2018）のように正面から研究テーマとして捉える書籍も刊行されだしている。それでは，授業研究者の特性についてはどのように議論されうるだろうか。片耳があまりよく聞こえない授業研究者を筆者は複数人知っている。筆者よりもはるかに子どものつぶやきを聴き取っているように思われる彼ら彼女らが，どのような苦労を乗り越えて授業研究をしているのか，そのこと自体はなかなか議論にならない。あるいは「苦労を乗り越えて」というように考えること自体が，当事者の意識からずれている

のかもしれない。ただし，高音質で記録された授業の驚くべき世界を聴いた身としては，授業研究者は平等な情報を教室の中で得ているわけではないということを確認しておきたい。見え方や聴こえ方まで含めると，同じ教室に居ても同じ授業を見ている—聴いているとは限らないのである。

　さらにいえば，指導助言として校内研修に招かれたときの筆者は，授業者に次いでよい立ち位置（視点や聴点）を占めることができる特権を有している。特に，事後検討会用の資料として動画や静止画（写真）を撮影している場合には，多くの人がカメラやタブレット端末の画角を考慮して立ち位置を譲ってくれる。そのような特権性を有した立ち位置を，その教室で授業を参観している誰でもが共有しているわけではない。だからこそ，撮影した授業の動画を再生したり写真を提示したりしながら，この授業から自分自身が何を学んだのかを差し出す勇気が，授業研究者のコメントに求められるのである。

❺　学校の日常を報せる者としての授業研究者

　全国ニュース水準の学校に関わる大きな事件に遭遇することが前任校在職中に2度あった。そのうち，2004年の佐世保市の小学校での事件は，予期せぬ出来事ではあったが，筆者にとって主体的に引き受けざるをえない体験となった。「近隣の学校での授業研究にもっと足繁く通っていれば，この哀しい事件は起こらなかったのではないか」という不遜な悔恨に囚われたこともあった。そのことも確かに授業研究者の倫理的な問題群のひとつではあるが，より具体的なエピソードを記して本稿を終えたい。

　事件の翌日に研究室に掛かってきた教育委員会からの「学校に入ってくれないか」という電話に，「私の専門は日常的な授業研究ですから，緊急時の対応は他大学の臨床心理士の方が適任です」と答えた。その後，佐世保市に在籍する小中学校教員への悉皆研修の講師を6年間ほど担当した。その最終盤の頃に，当該の小学校に授業研究者として呼ばれた。関係者からは，「これでこの学校も普通の学校に戻りました」と言われた。日常の学校にしか行かない授業研

者がこの学校に来たからだった。

　だから，多くの学校ではほとんどの場合には気づかれないし，その方がよいことだけれども，授業研究者は学校の日常を報せる者である。授業研究者は，学校が日常の生活として営まれていることを確認している非日常の存在なのだ。

　これ以外にも，授業研究を取り巻く倫理的な諸課題が存在するであろう。授業研究の最中に写真や動画を「撮らないで」と子どもから言われたときにどうするのか。大学院生にとって逐語記録作成は修行か労働か。まだまだ語り尽くせない。今回の論考では捉えきれていないそれらの諸課題を含めて，教育方法学における研究倫理に連なる一連の問題意識として，つまり，問題群として捉え直し続ける必要がある。

付記

・本稿は 2021 年 9 月 26 日に開催された日本教育方法学会第 57 回大会(宮城教育大学，Zoom 併用) の課題研究Ⅲ「教育実践研究における研究倫理——教育方法学研究の臨床性」において「エピソードで語る教育臨床研究の倫理に関する問題群——授業研究と現職社会人院生指導の現場から」と題して口頭発表した内容に加除修正を加えたものである。
・本稿に関わる研究は北海道教育大学の研究倫理審査委員会の承認を受けている（北教大研倫 2021061003）。医学や心理学をモデルとした研究倫理審査が授業研究者にとってどのような意味をもつのかはあらためて検討されなければならない。
・本稿に関わる研究は科学研究費補助金（20K02476）による支援を受けている。研究資金や謝礼金の受領あるいはその拒否が授業研究者と連携先の学校や教師にとってどのような意味をもつのかはあらためて検討されなければならない。

参考文献

・伊藤亜紗（2020）『手の倫理』講談社 .
・佐藤岳詩（2021）『「倫理の問題」とは何か——メタ倫理学から考える』光文社 .
・佐藤学（2005）「教室のフィールドワークと学校のアクション・リサーチのすすめ」，秋田喜代美・恒吉僚子・佐藤学編『教育研究のメソドロジー——学校参加型マインドへのいざない』東京大学出版会，pp.3-13.
・佐藤学（2014）「学びの共同体の学校改革——ヴィジョンと哲学と活動システム」，日本教育方法学会編『授業研究と校内研修——教師の成長と学校づくりのために』

図書文化社，pp.50-61.

・庄井良信（2004）『自分の弱さをいとおしむ──臨床教育学へのいざない』高文研.

・庄井良信（2018）「教育方法学は教育実践をどのように語るのか──詩的・物語様態の定性的データに基づく省察と叙述の可能性」，日本教育方法学会編『教育実践の継承と教育方法学の課題──教育実践研究のあり方を展望する』図書文化社，pp.123-135.

・中根成寿（2010）「『私』は『あなた』にわかってほしい──『調査』と『承認』の間で」，宮内洋・好井裕明編『〈当事者〉をめぐる社会学──調査での出会いを通して』北大路書房，pp.105-120.

・中野和光（2003）「解説」，マックス・ヴァン＝マーネン著，岡崎美智子・大池美也子・中野和光訳『教育のトーン』ゆみる出版，pp.155-202.

・中村雄二郎（1988）『問題群──哲学の贈りもの』岩波書店.

・羽田野真帆・照山絢子・松波めぐみ編（2018）『障害のある先生たち──「障害」と「教員」が交錯する場所で』生活書院.

・樋口直人（2010）「あなたも当事者である──再帰的当事者論の方へ」，宮内洋・好井裕明編『〈当事者〉をめぐる社会学──調査での出会いを通して』北大路書房，pp.87-103.

・久田敏彦（2014）「学習集団論からみた『学びの共同体』論の課題」，日本教育方法学会編『授業研究と校内研修──教師の成長と学校づくりのために』図書文化社，pp.62-76.

・藤岡完治（1998）「仲間とともに成長する」，浅田匡・生田孝至・藤岡完治編『成長する教師──教師学への誘い』金子書房，pp.227-242.

・マクルーハン, M., フィオーレ, Q. 著, 南博訳（1995）『メディアはマッサージである』，河出書房新社.

・村井尚子（2022）『ヴァン＝マーネンの教育学』ナカニシヤ出版.

・文部科学省科学技術政策研究所編（2009）「第3期科学技術基本計画のフォローアップに係る調査研究──科学技術人材に関する調査～研究者の流動性と研究組織における人材多様性に関する調査分析～報告書」，『NISTEP REPORT』123号，http://hdl.handle.net/11035/681.

・吉本均（1979）『学級で教えるということ』明治図書出版.

3　学校を基盤とした協働型授業研究

名古屋大学　**坂本　將暢**

❶　校内研究のための授業研究

　本稿では，授業研究・授業分析を専門とする立場から，学校を基盤として教師が協働して授業研究をするための可能性と意義について述べる。

　学校を舞台に行われる校内研究や校内研修（以下，合わせて「校内研究」と記す）は，授業の改善だけでなく，子ども理解や教師の専門性の向上を目的に位置づけられることがある。ルーチン・ワークに陥りかねない授業を立ち止まって見返すことで，見落としたり見逃したりする授業を行ううえで大事な事柄にあらためて気づかされたり，思いもよらない手がかりを得たりし，これらの目的を果たすのである。

（1）授業改善を目的にした校内研究

　『授業研究大事典』の「授業研究運動」（砂沢，1975）の項目に「教育課程の自主編成および日々の授業の評価，改造の研究運動が，現場の心ある教師たちの間に起こってきた」（p.355）と記され，さらに，「授業研究組織（校内）」（上寺，1975）の項目に「日常教育活動のなかで，教育内容の改編を含めた教授法の実証的再検討による法則の発見，すなわち授業改造とともに授業についての相互研修に資するために行なう」（p.356）と記されていることから，校内研究は上で述べたように，《改》や《再》によってルーチン・ワークから脱しようとする教師の主体的な取り組みであるといえよう。

　吉崎（1983）は，教師245名に授業のビデオ映像を見せ，途中（「開いた発問」と「閉じた発問」の場面）で中断し「あなただったら，つぎにどのような行動をとるか」と問い，教師経験や性別による意思決定の違いを明らかにしている。

赤堀（1989）は，教授－学習行動のカテゴリを設定し，熟練教師と教育実習生の遷移パターンの違い（前者はコミュニケーション型，後者は教師主導型であること）を明らかにしている。

　周知のとおり，授業改善のための校内研究はLesson Study（授業研究を基礎とした校内研修）として世界的に取り組まれているが（的場，2005；坂本，2017），Action Research（計画－実施－評価のサイクルを通して事態を改善する研究）は典型といえよう（Price，2005；倉本，2014；Rubin，2016）。Action Researchでは，研究者が介入することもあるが，教師が自身の開発したカリキュラムを同僚の教師と一緒に批判的な「研究者としての教師」（teacher as researcher）の姿勢で評価し，実験的あるいは社会運動的に取り組む。教師（あるいは，志望者）個人，学校の中の教師たち，教師と研究者が各人称で計画－実施－評価－改善のサイクルで取り組む点に特徴がある。

　また最近，教育工学では，ADDIEモデルやARCSモデルに代表される，ガニエの9教授事象を基盤としたインストラクショナルデザイン（ID: Instructional Design）（稲垣・鈴木，2011）を用いた授業改善が報告されている（原ら，2019；空谷，2020）。授業の構成要素を最小限に考え，モデルに当てはめながら効率よくシステマチックに授業を設計や改善に進められる点から，教師の働き方が見直される状況では意味があるといえよう。

(2) 子ども理解を目的にした校内研究

　子ども理解は，子どもの思考や認識や学び方を対象にしている点で共通していても，その拠り所はさまざまである。

　教育の科学化を指向し，動的相対主義を拠り所とするのが名古屋大学教育方法学研究室の授業分析である（重松，1961）。権威的な校内研究や，アドホックな解釈に陥りやすい解釈から脱するために，授業での発言を文字起こしした授業記録を用いて固有名詞（子どもの名前）で，既成の仮説を排して授業を分析している。上田（1972）では，「動的場」で教師と児童生徒が生きた関わり合いを通して安定と不安定を繰り返す動的バランスを手がかりに，個性的な思考体制を見出そうとしている。授業分析の目的について八田（1961）は，「一

般的には，授業の構造と，授業を支配する法則。特殊的には，各学年，各教科（問題単元），各地域等々における，授業の展開の様相と，その中における子どもの実態を探究することにある。（略）子どもの認識，思考の授業場面における発現の諸形態と発展の法則を明らかにすることである。（略）教師の指導の諸形態が，子どもの認識，思考の発展にいかにかかわるか，ということも，問題とされなければならない」（p. 95）と述べている。

　構成主義を拠り所とするのが，学習科学（Learning Science）である。学習者がモノをどのように認識・構造化したり，その認識や構造を変化させたり，あるいは言語的に説明したりするかの研究に取り組む。とくに，科学教育を対象にした誤概念や概念変化の研究は，子どもが日常生活を通して得る知識の影響を受けて，学校で学ぶ知識を誤って理解していることを明らかにしてきた。この点に注目した授業研究（Learning Study）も取り組まれており，例えば，当たり前に思っている概念の特徴，生徒の理解，教材を取り扱う方法にヴァリエーションがあるとするヴァリエーション理論を基盤にした授業の可能性の模索に取り組んでいる研究者がスウェーデンや香港にいる（Cheng，2006; Ling & Marton，2011; Holmqvist, Brante, Tullgren，2012; Kullberg，2012）。

　発達の最近接領域（社会的構成主義）を拠り所とするのが学びの共同体である。それは，学びの成立要件を「真正の学び」「聴き合う関係」「ジャンプのある学び」（佐藤，2015）とする，活発に話し合うことだけを良しとしない協同的な学びである。多少時間がかかっても，「できる」「わかる」とされる子どもだけでなく，「できない」「わからない」とされる子どもにも学びに取り組ませる点に，すべての子どもに学びの機会を与えようとする学びの共同体の特色が表れている。授業公開・授業観察では，子どもがどのようなつまずきをしたか，どのような学びが成立したか，どこに学びの可能性があったかを，教師の子どもへの関わりや子ども同士の関わりを観察して協議する。そして，このような事実をどのように感じ，何を考えたのかについて協議会で語り合う点に特徴がある（佐藤，2015）。

(3) 教師の専門性の向上を目的にした校内研究

　ところで，「教師とはどのような職業か？」という質問に対する答えとして，ピュリヤスとヤング（1968）が挙げている，ガイド，教える人，模範（手本），権威者（知っている人），話し家，評価する人などの22の役割を想像することは容易である。この役割の中には，探究する人，創造する人，学習する人，解放する人もある。また，ゴノボリン（1970）の著書に「自己訓育」ともあるように，教師の専門（職）性が指摘されるずいぶん前から，教師が単に教える人ではなく，職業観・職業意識の形成を範疇にした職業的熟達を社会的に要請されている人であることがわかる。これらの著書からは，教師が職業的熟達を社会的に要請されていることがわかるが，熟達化のための具体的な機会や方法についてうかがい知ることはできない。姫野（2013）は「現状に対する自己認識に基づく将来の成長・発達に対する想定」（細川・姫野，2007）と定義する「成長観」を養う機会として，教師研究の類型（専門性・仕事・役割，成長プロセス・ライフヒストリー，人事・研修，多忙化・メンタルヘルス，知識・技術・信念，教員養成カリキュラム，学校組織・教師文化・校内授業研究，教師教育の連続性）を，位置付けており，イメージを容易にしてくれる。

　さらに姫野のライフヒストリー研究の事例に目をやると，「学校は，就学前教育に授業や教師に関わる要素が加わった程度のものだ」と語っていた教員志望の学生が，校内研究会に参加して教師の《生の仕事》に直面することで，以降の語り（子どもの状況や教科の内容についての専門知識などの事柄）が職業性の高いものに変化している様子がうかがえる。このことから，上の姫野の教師研究の類型における校内研究の位置づけは，専門性・仕事・役割，成長プロセス・ライフヒストリー，知識・技術・信念，学校組織・教師文化・校内授業，教師教育の連続性に横断し，校内研究はいずれの基盤にもなる取り組みといえる。

(4) 校内研究の課題

　以上の校内研究における3つの目的は，独立したテーマとして扱われることは少ない。例えば，授業分析によって子どもの認識や思考の発現や発展を明ら

かにする目的の校内研究でも，同時に「実践を研究の対象とするのは，その実践をより良くするため」（八田，1961）という考え方もあるような，複数の目的が効果的かつ有機的に関連しあって，それぞれを達成しようするのである。

　教師が関連しあった目的を設定し，校内研究に主体的に取り組むことで職業的熟達化が期待される。しかし木原（2006）によると，校内研究には「機会が限定されている」「個々の教師の問題意識を反映させがたい」「『型はめ』に陥りやすい」「閉鎖的・保守性が強い」という問題がある。ルーチン化した授業を改善するために臨んだはずの校内研究が，保守的で型にはまったものでは，授業の改善とは無縁になることは容易に想像できる。

　さらに，「授業研究は，実用性・効率性・継続性のある組織によって運営されなければならない」（上寺，1975）ことが都合よく切り取られたり，モデルに当てはめながらシステマチックに展開されたり，昨今の教師の職場のブラックさや教師という仕事そのもののブラックさとそれに伴う働き方の見直しに焦点が当てられ過ぎたりすると，教師が職業的熟達化する機会は減少し，「型はめ」や閉鎖的な傾向はますます強まるのではないかと懸念される。

❷　学校を基盤とする協働型授業研究

　以上のことを踏まえて，教師が学校を舞台に協働的に取り組む校内研究について考えたい。本稿では，カルテ・座席表（上田・静岡市安東小学校，1970；上田，1973；上田・静岡市安東小学校，1982；築地，1991）を方法論として位置づけ，参加型授業研究会（的場ほか，2003；名古屋大学・東海市教育委員会，2004）を参考にし考察を行う。なお本研究では，「子ども理解を手がかりに授業改善すること」を目的にした校内研究を想定している。

　本研究に取り組むのにあたって，生田・姫野らが研究テーマにしている「みえ」に注目する（生田・三橋・姫野，2016；姫野・生田，2019；生田・姫野，2022）。姫野（2019）は斎藤喜博（2006）が教師が兼ね備えてもっているべきという直観力，感性，論理性，洞察力，鋭い解釈力などを「みえ」と総称し，「教

師には，子どもが発しているサインを察知し，刻々と変化する授業の流れを捉え，臨機応変に意思決定を行うこと」(p.98) の基盤とし，「それぞれの教師の『観』が映し出される」(p.98) ものとしている。確かに，同じ授業を観ても，それを観るすべての人にとって見ているもの，感じること，気づくことは異なる。

(1) 教師の経験と「みえ」

　佐藤ら（1990）は，経験年数で熟練教師（教職経験18年以上の5名）と初任教師（同2ヶ月か1年2ヶ月の12名）に分け，それぞれに授業のビデオ記録を見て感じたこと，気づいたこと，考えたことを可能な限り発言させた記録と，授業の診断と感想をレポート用紙に自由に記述させたものを分析した。その結果，熟練教師は発言量が豊かであるだけでなく，その内容も教授に関する命題と学習に関する命題を関連させた豊かな内容であることが明らかとなった。さらに佐藤ら（1991）は，熟練教師は知識や技能を持っているだけでなく，授業の状況を適当に把握していること，経験や思考を生かして言語化して語ることができることも明らかにしている。

　坂本（2009）は，参加型授業研究会（授業を観察しながら気づきや疑問を付箋紙に記入するスタイル）の経験がある教師と，初参加の教師を対象に，同研究会での発言と付箋紙の内容を分析・比較した。その結果，発言を求められた場面で，初参加の教師は付箋紙に書いたことをそのまま発言し，経験のある教師は付箋紙にキーワードのメモ程度のことのみを書き，授業の場面を思い出しながら即興的に肉付けしながら発言していることが明らかになった。ただし初参加の教師は初任で，経験者は教師経験の豊かな（教職経験15年以上で何度か本研究会に参加経験のある）教師であるため，授業研究会の経験によって簡易なメモや即興性のある発言をしているのかは不明確である。

　姫野・細川（2019）は，熟練教師と教育実習生にウェアラブルカメラを着用して授業をさせ，30秒毎の教師の視線が10個のカテゴリ（子ども全員，子ども集団（発表者以外），子ども（発表者），メディア（教材），メディア（黒板），その他（掲示物・時計）など）のどれに当てはまるかを分析した。その結果，

熟練教師は実習生よりも「子ども集団（複数の抽出児）」の出現頻度が高いことから，場面ごとに視線を向ける子どもを1人だけではなく複数人を選び，特にその子どもたちの授業内容の理解の具合を確認し，授業の進め方をコントロールしていると結論付けている。

　以上の研究から，教師という同じ職業の継続性が豊かな経験を生み，それが「みえ」やその共有に影響を及ぼすことがわかる。

（2）参加型授業研究会による学校基盤の協働的授業研究の実現

　上記の坂本（2009）について，経験が豊かではない教師（実習生）に目を向けると，気づきに対する発言量の少なさは「遠慮」「権威の思い込み」の表れ，メモと発言の一致は「緊張」「自信のなさ」「誠実（確実）さ」の表れ，また特定の子どもや子ども集団（複数の抽出児）を見ていないのは子ども全体を見ることの「平等さ」「満遍なし」，あるいは，そもそも子どもを見る「余裕のなさ」の表れとも考えられる。校内研究においては，教師の経験年数や校内研究の参加回数を生かしながら，《民主的で唯一的》に組織され，事実にもとづいて「みえ」たことを語ることが適当だと考える。

　本研究で援用する「参加型授業研究会」は，名古屋大学の地域貢献推進事業の一つで，東海市教育委員会と連携して取り組んだ教育実践問題支援プロジェクトである。参加型授業研究会では，学校を構成しているほぼ全ての教師を，研究授業を実施する教師（授業者），授業での発言を早書きする教師（速記録者），授業中に気づいたことや感じたことをメモ書きする教師（全体記録者），そして，あらかじめ授業者が選んでおいた数名の抽出児童生徒を観察・記録する教師（抽出児童生徒観察者）に割り当て，参加してもらう。そして学校全体で一つの授業を観察・記録し，研究授業の直後に拡大印刷された速記録を読み合ったり，付箋紙に書かれたメモをそれに張り付けたりする。速記録を用いるため，授業全体の印象をただ言い合ったり，次の授業をどうするかという超短期的な改善の糸口を検討したりせずに，授業の内容についての話し合いに集中できる。また，ほとんどの教師が校内研究に参加するため，行った研究授業だけが改善の対象になるのではない。浮かび上がってきた新たな子どもの側面や授業の可

能性，子どもや授業に対する見方・考え方を，参加した教師は，自身の文脈に
置き換えて検討することができ，研究授業を行った教師以外も間接的な授業改
善の対象になり得る。研究授業をする教師だけが大変な思いをするのではなく，
また，研究授業をしないから研究会に参加する意味がないのではなく，各教師
が役割を果たすことで，参加する全教師の力量形成につながる可能性がある。

　先に述べた木原（2006）の校内研究に対する問題点のうち，「個々の教師の
問題意識を反映させがたい」問題は各教師が研究会での役割を果たすことで，
「『型はめ』に陥りやすい」問題は授業記録（速記録）を使用することで，そし
て「閉鎖的・保守性が強い」問題は抽出児童生徒を授業者が事前に決めて自身
の児童生徒観を同僚と共有したり，抽出児童生徒の観察者を含めた授業観察者
が気づいたことを付箋紙にメモ書きして観察者（分析者）としての児童生徒観・
教材観・指導観を共有したりすることで，それぞれ乗り越えることができると
考えられる。

（3）学校基盤の協働的授業研究における「みえ」

　授業者が子どもの学びの様子のすべてを「みえ」ることができたり，授業者
の立場からの「みえ」と，参加型授業研究会の「全体記録者」や「抽出児童生
徒観察者」が気づいて書いたメモがすべて一致したりするのであれば，新たな
気づきは得られず，校内研究の意味がない。しかし実際は，さまざまな《観》
をもった教師が，それぞれの役割やいる場所・角度ならではの気づきを共有す
ることができる。あらゆる記録が，子どもや授業の可能性を検討するための手
がかりになる。

　一回の授業で，すべての子どもにメモが記されることが望ましいが，少なく
とも発言した子どもや抽出児童生徒についてのメモは記される。授業の目標や
内容，進み具合に応じて抽出児童生徒を変え，継続してメモを取ることで，教
室の中のすべての子どもにメモが記される。そのメモを集約し，管理し，座席
表に配置して一覧したり，時系列につなぎ合わせ追跡したりすることで，子ど
も同士の関係や思考の変化などを見出すことが可能になる。この方法は，情報
収集に時間がかかる点と情報量が増える点で，校内研究で求められる効率には

逆行するが，長期的にみると，授業改善，子ども理解，教師の専門性の向上の効率は図られるだろう。このことから，「みえ」るのは教師であるし，教師は意識的に「みえ」るように働きかける必要があると思うが，自身の《観》では収まらない子どもの姿を見出そうとする態度こそが，教師が有するべき「みえ」ではないかと考える。

❸　授業構造化システムへの展開の可能性と今後の課題

　授業記録を用いた分析の特徴については前述したが，コンピュータを使って分析する特徴として，語の抽出や了解性のある結果の呈示の容易さが考えられる。その一方で，発言者や発言順（発言番号や出現した語のタイミングなど）を維持するなど，考慮すべき事柄がある。例えば柴田（1999）は，授業中の語の出現頻度（出現パターン）を手がかりに授業を分節にわけ，構造化する方法を開発している。一般的には類似したもの同士からボトムアップでクラスターをつくるのだが，柴田の方法は一個のものから，最遠の関係にある語に注目して徐々に分割する。結果はデンドログラムで表示されるため，閾値を変化させることで，最小値＝1から最大値＝発言数までの範囲で分節の数を決めることができる。加えて，語の出現パターンにも注目することで，「次の分節に引き継がれる語」「新たに出現した主要な語」など，分節の関連構造を形作っている語や話題，あるいはその推移（継承や拡大）を分析者は把握することができる。

　また，授業研究の初学者や，日常の多忙のなかで学校を基盤とした授業研究に教師が取り組む際に，見いだしがたいトピックや，見落としてしまう語を探索的に発見することができたり，経験者と類似した分類等が可能になったりするのであれば，コンピュータを用いて分析する意義がある。坂本（2019）は，テキストマイニングの一手法である潜在的意味解析を用いて，授業記録の分節わけを試みている。この方法は本来，発言（文章）と，出現した注目語のマトリクスを特異値分解し，似た発言毎に分類する手法である。しかしここでは，

2次元に圧縮した際の座標と，原点からの距離に注目し，その距離の遠い順（ほかと似ていない順）に発言をランク付けし，その順に発言を区切り，それを分節のわけ目としている。また筆者は，本研究の延長に位置づく研究として，フリーソフトの係り受け解析CaboCha[1]を使った授業記録の解析を行っているが，図1をみてもわかるように，解析結果から授業改善等に資する情報を見出すことができることは課題の一つである。発言を丁寧に整理したうえで解析しなければ，言い淀みや同じ語の繰り返しや，文法的あるいは構造的な破綻などの特徴が，データマイニングの阻害要因になることがわかっている。同時に，解析のための発言の整理が，子どもや授業の個性を捨象することもわかっている。現段階では語に着目した分析は安定した結果を出すものの，長い文章や発言，とくに低学年児童の発言の分析にはかなりの工夫が必要であるといえる。コンピュータを使用する目的は，時間や労力の削減（効率）もその一つに挙げられようが，そればかりに傾倒するのは本末転倒である。何度も，何日もデータ（発言記録）と，「○○くんがこの場面で△△と発言した意味は何か？」や「××ちゃんの経験にもとづく事実が□□と概念になって表れているのか？」のように対話し続けることは重要である。効率からは遠ざかるが，このようなデータとの対話を経たうえで，コンピュータを用いるからこそ，分析や結果の可視化（結果の共有）が意味のあるものになると考える。

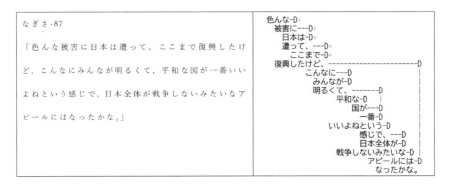

図1　授業記録の一発言を係り受け解析した結果の例

　ここ最近の一人一台端末をめぐる教育実践の取り組みや，それに関わる研究を読むと，大谷（1997）のドローソフトの事例を思い出す。それは，絵を描くことが嫌いな子どもに，コンピュータのドローソフトを使わせて絵を描かせたところ，すばらしい絵を描くようになったというものである。その子は，水彩絵の具だと滲んで隣り合った色が混ざるのが気に入らず，絵を描くことが嫌いになっていたようである。大谷は「わたしたちは知らないうちに，一つのものさしだけで子どもの能力を測ってきたけれど，別のものさしを当てはめる必要もあるということです。コンピュータには，新しいものさしとして，子どもの豊かさを引き出す可能性もあるのです」（p.24）と述べている。

　子どもが直面している問題や，学びや葛藤の可能性，そしてその背景に気づくことができるのは，日々子どもの様子を間近で見ている教師であろうし，そうであってもらいたい。教育職員免許法の改正によって，いわゆる教員免許更新制が廃止されることになった。教師による教職や教科に関する学び直しの機会がなくなり，その負担が各自治体（教育委員会やセンター）や学校にくることは望ましいことではない。しかしながら，「その地域ならでは」や「うちの学校の子ども」に加えて，「○○くんの考え」や「××ちゃんの生活経験」について議論することができれば，それは十分に教師の学ぶ機会になろう。

　本稿では教師の経験や「みえ」について述べ，それらが一朝一夕ではなく，教師経験や校内研究によって身につくものであることも述べた。そのように考えると，教師の職業的熟達化は学校での経験でこそ図られるし，発言記録を用いることでこそ，同僚を生かした協働と，子どもの事実に即した民主性（発言内容を根拠として平等に分析に臨むことを可能にすること）を発揮することで，その効果はますます発揮されるものと考える。しかしながら新型コロナウィルス感染症の影響で，参加型授業研究会が実施されず，本稿で述べたカルテ・座席表や授業構造化を統合したシステムの検証が十分に行えていない。それを用いて，授業を通した教師の学びを追究することが，今後の課題である。

謝辞

本稿の一部は，JSPS科研費JP19K02998の助成を受けたものです．

注

1）https://taku910.github.io/cabocha/（2022年4月30日確認）

参考文献

- 赤堀侃司（1989）「教授・学習行動パターン分析」，『日本教育工学雑誌』13巻，4号，pp.139-147.
- Cheng, W. L. E.（2006）Learning through the Variation Theory: *A Case Study. International Journal of Teaching and Learning in Higher Education, Vol.28*, No.2, pp.283-292.
- ゴノボリン著，福井研介訳（1970）『教師入門』新評論.
- 原健太郎・渡辺雄貴・清水克彦（2019）「夜間定時制高校数学科における反転授業の有効性の検証」，『日本教育工学会論文誌』43巻，3号，pp.239-252.
- 八田昭平（1961）「授業におけるつまづきと子どもの思考の発展─授業分析試論（1）─」『名古屋大學教育學部紀要』第7巻，pp.94-117.
- 姫野完治（2013）『学び続ける教師の養成──成長観の変容とライフヒストリー──』大阪大学出版会.
- 姫野完治（2019）「教師の「みえ」を科学する」，姫野完治・生田孝至編著『教師のわざを科学する』一莖書房.
- 姫野完治・細川和仁（2019）「教師の「みえ」はいかに育つか」，姫野完治・生田孝至編著『教師のわざを科学する』pp.119-128，一莖書房.
- Holmqvist, M., Brante, G., Tullgren, C.（2012）Learning Study in Pre-School: Teachers' Awareness of Children's Learning and What They actually Learn. *International Journal for Lesson and Learning Studies, Vol.1*, No.2, pp.153-167.
- 細川和仁・姫野完治（2007）「授業実践に対する教師の「成長観」と成長を支える学習環境」，『教師学研究』第7号，pp.23-33.
- 生田孝至・三橋功一・姫野完治（2016）『未来を拓く教師のわざ』一莖書房.
- 生田孝至・姫野完治（2022）『教師のわざ研究の最前線』一莖書房.
- 稲垣忠・鈴木克明（2011）『授業設計マニュアル──教師のためのインストラクショナルデザイン──』北大路書房.
- Kullberg, A.（2012）Students' Open Dimensions of Variation. *International Journal for Lesson and Learning Studies, Vol.1*, No.2, pp.168-181.
- 木原俊行（2006）『教師が磨き合う「学校研究」──授業力量の向上をめざして──』

　ぎょうせい.

・ 倉本哲男（2014）「校内研修と学校改善に関するアクションリサーチ ——カリキュラムマネジメントとレッスンスタディの視点から——」，日本教育方法学会編『教育方法43 授業研究と校内研修 ——教師の成長と学校づくりのために——』pp.91-103, 図書文化.

・ Ling, M. L., Martin, F.（2011）Towards a Science of the Art of Teaching: Using Variation Theory as a Guiding Principle of Pedagogical Design. *International Journal for Lesson and Learning Studies, Vol.1*, No.1, pp.7-22.

・ Madsen, L. K, Aggerholm, K., Jensen, J.（2020）Enactive movement integration: Results from an action research project. *Teaching and Teacher Education, Vol.95*, Article 103139.

・ 的場正美・柴田好章・山川法子・安達仁美（2003）「教育実践問題の協同的研究体制の構築——名古屋大学と東海市教育委員会の連携——」，『名古屋大学大学院教育発達科学研究科紀要（教育科学）』第50巻, 第2号, pp.109-128.

・ 的場正美（2005）「世界における授業研究の動向」，日本教育方法学会編『教育方法34 現代の教育課程改革と授業論の探求』pp.135-145, 図書文化.

・ 名古屋大学・東海市教育委員会教育実践問題支援プロジェクト（2004）『東海市小・中学校教師の挑戦 授業記録による授業改革のプロセス』黎明書房.

・ 大谷尚（1997）「子どもの成長とコンピュータ」，『子とともに』pp.22-27.

・ Price, N. J., Valli, L.（2005）Preservice Teachers Becoming Agents of Change: Pedagogical Implications for Action Research. *Journal of Teacher Education, Vol.56*, Issue 1, pp.57-72.

・ Pullias, V. Earl, Young, D. James（1968）*A Teacher is Many Things*. Indiana University Press, Bloomington, Indiana.

・ Rubin, C. B., Thea R. A. El-Haj, Graham, E., Clay, K.（2016）Confronting the Urban Civic Opportunity Gap: Integrating Youth Participatory Action Research into Teacher Education. *Journal of Teacher Education, Vol.67*, Issue 5, pp.424-436.

・ 斎藤喜博（2006）『授業入門（人と教育双書）』国土社.

・ 坂本將暢（2009）「授業研究会における初体験者と経験者の観察と報告の方法——授業研究のツール開発のための予備的調査——」，『名古屋大学大学院教育発達科学研究科紀要（教育科学）』第56巻, 第1号, pp.19-29.

・ 坂本將暢（2017）「世界授業研究学会の研究動向——発表題目の計量的分析を通して——」日本教育工学会監修, 小柳和喜雄・柴田好章編著『教育工学選書』II-11 Lesson Study, pp.209-225, ミネルヴァ書房.

・ 坂本將暢（2019）「授業分析におけるデータサイエンス活用の可能性——潜在的意味解析を用いた逐語記録の分節わけの試み——」，『名古屋大学大学院教育発達科学研究科紀要（教育科学）』第66巻, 第1号, pp.1-12.

・ 佐藤学・岩川直樹・秋田喜代美（1990）「教師の実践的思考様式に関する研究（1）

──熟練教師と初任教師のモニタリングの比較を中心に──」,『東京大学教育学部紀要』第 30 巻 , pp.177-198.

・ 佐藤学・秋田喜代美・岩川直樹・吉村敏之（1991）「教師の実践的思考様式に関する研究（2）──思考過程の質的検討を中心に──」『東京大学教育学部紀要』第 31 巻 , pp.183-200.

・ 佐藤学（2015）『学び合う教室・育ち合う学校──学びの共同体の改革──』小学館.

・ 佐藤雅彰（2015）「授業観察と授業リフレクション」, 佐藤雅彰・齊藤英介『子どもの教室の事実から学ぶ──「学びの共同体」の学校改革と省察──』ぎょうせい.

・ 柴田好章（1999）「話し合いを中心とする授業の分析手法の開発と適用──語の出現頻度による授業の分節構造の特徴化──」,『日本教育工学会論文誌』23（1）, pp.1-21.

・ 重松鷹泰（1961）『授業分析の方法』明治図書出版.

・ 空谷知之（2020）「商業高校における ADDIE モデルを用いた授業デザインの実践研究」,『情報教育』Vol.2, pp.24-30.

・ 砂沢喜代次（1975）「授業研究運動」, 広岡亮蔵責任編集『授業研究大事典』pp.355-356, 明治図書出版.

・ 築地久子（1991）『シリーズ・個を育てる 3 生きる力をつける授業──カルテは教師の授業を変える──」黎明書房.

・ 上田薫・静岡市立安東小学校（1970）『ひとりひとりを生かす授業──カルテと座席表──』明治図書出版.

・ 上田薫（1972）「動的場としての授業」, 上田薫・三枝孝弘編著『教育実践の論理』明治図書出版.

・ 上田薫（1973）『ずれによる創造』明治図書出版.

・ 上田薫・静岡市立安東小学校（1982）『個の育つ学校』明治図書出版.

・ 上寺久雄（1975）「授業研究組織（校内）」広岡亮蔵責任編集『授業研究大事典』p.356, 明治図書出版.

・ 吉崎静夫(1983)「授業実施過程における教師の意思決定」,『日本教育工学雑誌』8 巻 , 2 号 , pp.61-70.

4　校内授業研究を通した教師の自律性を保障する学校文化の醸成

日本大学　黒田　友紀

❶　はじめに

　本稿では，校内授業研究を通した授業づくり・学校づくりに焦点をあてて，教師の自律性を保障する学校文化，すなわち，「教師一人ひとりが主体となり，専門家として成長する」協働的な教師文化や授業研究の文化とその醸成について検討したい。

　日本の授業研究は，Stigler & Hiebertの*The teaching gap*（1999）の刊行以降，米国をはじめ多くの国々で「Lesson Studies」として「jyugyou-kenkyu（授業研究）」や「kyozai-kenkyu（教材研究）」が注目され，その実践が広まりつつある。日本の授業研究の始まりは，明治時代の東京師範学校における授業研究や授業批評会に遡ることができるが，明治30年には，「授業研究の方法も定型化され，授業における教師の自律的判断，選択を閉ざすものとして機能してきた」（稲垣・佐藤 1996：151-158）という。戦後には，学習指導要領の告示化と研修の制度化によって，授業研究は閉塞・定型化し，旧来の伝統的授業を前提とする仮説検証型の授業研究や，教材研究から指導案の作成，授業後の指導案と発問の検証を主とした，「有能な教師」と「効果的な授業」を求める授業研究が行われ，今なお残っていることが指摘されている（佐藤 2014）。また，日本では多くの学校で授業研究が実施されているものの，授業研究の意義が希薄化し，その「形骸化」や「業務化」によって，日本の学校文化である授業研究が衰退している点が指摘されてきた（千々布 2005, 鹿毛・藤本 2017）。日本の授業研究は，どの学校でも校内研修として根付いている点で，海外からモデルとされることが多いが，授業研究が明治期より学校文化として根付いているがゆえに，

その授業研究の様式と質的な転換には困難もある。

　学校文化の形成とも関連して，授業研究をいかに継続させるかというサステナビリティは，日本だけでなく海外でも関心が高い。ただし，授業研究が変わっただけで「学校文化が変わる」「新しい学校文化が形成される」というほど簡単なことではない。加えて，コロナウイルス感染症の拡大による影響は大きく，2020年度は多くの学校で，これまでのような，授業を参観し協議会を行う授業研究が中止された。2021年度以降，コロナウイルス感染症の状況に応じて校内授業研究が再開されているが，ウィズ／ポスト・コロナ状況に応じた校内授業研究のあり方が新たに模索される必要もある。

　そこで，本稿では，まず，教師の自律性をめぐる課題について整理する。そして，教師の自律性を生み出し保障する授業研究を通した学校文化のバリエーションを示したうえで，校内授業研究を通して学校文化を醸成することを考えたい。

❷　研修と教師の自律性をめぐる課題

（1）教師の自律性と校内授業研究の課題

　まず，教師の自律性について確認をしておきたい。「自律性」とは，辞書的な意味では，他からの支配や制約が受けずに，自らの立てた規律に従って自らを規制しながら行動することである。教師の自律性については，ユネスコが1996年に採択した「教員の地位に関する勧告」の「Ⅷ　教員の権利及び責務」のなかで「職業上の自由」として，教師自らが教材の選択や使用，教育方法の適用に主要な役割が与えられること，そして，教師の職務において自由や創意や責任を保障することが示されている[1]。

　研修に関して，教師の自律性を保障しようとするとき，たとえば米国等のように，教師自身が自ら大学院などの授業を受け，自らの専門性を高めて授業に生かす方法がある。米国の学校では特定の曜日の午後などを研修日として，教師が教育委員会等のワークショップや大学院の授業等を自由に受けることを保

障している。米国でも授業研究が行われている地域があるが，関心のある教師が特定の教科のワークショップで学ぶ形式であり，校内授業研究であることはほとんどない。日本においても，市区町村の教科ごとの教育研究会において授業研究等を行っている地域もあり，そこでは知見を共有し学校に還元することが目指されている。しかし，こうした取り組みだけでは，個々人の専門性を伸長させるだろうが，学校文化を生み出すことにはつながりにくい。

　一方，学校内ですべての教師が参加する日本の校内授業研究にもいくつかの課題がある。日本のほとんどの学校種で授業研究が校内研修として行われており，特に小中学校では協議会のある授業研究が年間に複数回行われている。先にも授業研究の課題を示したが，教師の自律性との関係でいえば，学校としての研究主題・テーマの設定によって，個々の教師の問題意識が乖離する可能性があることや，授業づくりによって「型はめ」に陥れば，個々の教師や学級の独自性，多様性を軽視し，授業のダイナミズムが矮小化する可能性があることが課題とされている（北神・木原・佐野 2010）。また，研究授業が自分の教科と学年と異なる場合には，授業研究や事後検討会に対して，どの校種の教師も消極的になりがちであり（姫野 2011），校内授業研究には教師の自律性が保障されていない状況が存在していることを示している。

（2）協働性や同僚性の形成を重視する専門家共同体と教師の自律性

　近年，学校において協働性や同僚性を形成し，専門家共同体に関する研究がいくつかの研究領域で蓄積されつつある。その一つが，教育経営学の学校組織文化の領域において，学校文化を変える校長のリーダーシップや，学校の組織編制を変革する研究である。1980年代以降の米国において，学校に基礎を置く教育改革・学校経営が展開され，組織的レベルの改革に焦点をあて，カリスマ的で強力なリーダーシップを発揮する校長を改革推進の中心とした「変革的なリーダーシップ」が注目された。しかし，1990年代以降，校長は教師をエンパワーメントすることで「専門家共同体（professional community）」として教師集団を形成し，校長は教師集団に対して支援を行うべきであるとして，「支援的なリーダーシップ」へと変容している（露口 2008, 2010）[2]。教師のエン

パワーメントとは，学校組織において教師が自主的，自律的に，自分たちの力で組織を創り出していると感じることを指している。専門家共同体という組織の特徴について，ブライクら（Bryk, A., Camburn, E., & Louise, K. S. 1999）は，「省察的対話（reflective dialogue）」「実践の公開（deprivatized practice）」「同僚性・協働（peer collaboration）」を核として，生徒の学習が焦点化されていること，学校運営と改善に対して教職員が共同で責任を引き受けていること，スタッフ開発を行うといった雰囲気が定着していることを挙げている。

　一方で，教育方法や教師教育の領域においても，教師の同僚性や協働性の形成や教師の専門家共同体に着目する研究が蓄積されつつある[3]。日本において，秋田（1998）が，同僚性を「専門職としての対等な成員関係の質を示す」概念として提示し，校内研修を同僚性の形成の場として捉える研究が蓄積されている。また，事後検討会での談話内容や教師の学びを解明する研究が進められ，新任教師が校内授業研究会という学習共同体のなかで授業を省察する過程（北田 2007）や，協議会の談話において，学校在籍年数の長い教師がその学校の授業に対する視点や理念を共有し形成するといった教師文化への影響が指摘されている（坂本 2012）。教師個人の学習だけでなく組織として，そして教師の学習共同体としての学習に焦点があてられている（北田 2011, 2014）。

　以上のように，校内授業研究や協働性，同僚性を重視する専門家共同体の研究との関係において，教師の自律性について確認してきた。上記の研究が示しているのは，教師は同僚との協働的な省察を行うことで成長し，教師が主体となって教師文化や学校組織文化を形成していることである。そこで，本稿では，教師の自律性を「教師一人ひとりが主体となり，専門家として成長すること」として捉え，その際，教師個人としてだけではなく，学校において協働で形成されるものとして考える。

　3節で取り上げる3校の校内授業研究では，学びの共同体にもとづいて授業づくり・学校づくりに取り組んでいる。学びの共同体による学校改革は，佐藤学が提唱する，子どもの学習権の保障と民主主義社会の実現を目的とした，21世紀型の学校教育の創造を目指す改革であり，学校のビジョンと改革の哲学と

実践の装置である活動システムによる改革である。佐藤の提唱する改革は，学びの共同体の実践を，授業の改革と学校の改革と学校経営の改革を一体として推進する，学校教育の全体的で構造的な改革である（佐藤 2012a, 2012b, 2014）。事例として取り上げる 3 校とも，すべての子どもの学びを保障し，子どもが夢中になって取り組む質の高い授業を追求するというビジョンのもとで，授業に小グループによる協同的な学習を取り入れ，すべての教師が参加する校内授業研究会を実施すること，そして，すべての教師が年 1 回は授業を公開し，協議会で子どもの学びを事実にもとづいて省察している。

❸　教師の自律性と成長を保障する授業研究と学校文化

（事例 1）学校研究テーマのもとで個人の課題を追究する

　大規模校である A 小学校は，年間に 3 回の校内授業研究会を行っており，すべての教師が公開授業を行う。具体的には，1 〜 4 限にそれぞれの教師が授業を公開し，5 限にすべての教師が参加する全体公開授業を行って研究協議会で省察を行う。そして研究協議会修了後に，低・中・高学年部の 3 グループに分かれて，授業での子どもの学びや写真をもとに，教師がそれぞれ自分の公開授業について振り返り，語る場が設けられている[4]。

　校内授業研究は，「きき合い学びあう授業づくり」という学校の共通テーマのもと，教師個人が「個人研究テーマ」を掲げて自分の課題を追究するスタイルで行われていた。個人研究テーマを設ける方策は，学びの共同体のモデル校である浜之郷小学校の取り組みに倣って取り入れられた。筆者が A 小学校の授業研究会に関わった当初は，国語と算数の授業の公開授業が多くを占めていた。しかし，個人研究テーマにもとづいて授業研究を続けていくうちに，教師個人が究めたい科目を自分で決めて学校の研究テーマに挑戦する姿や，苦手な教科の研究に挑戦したいという教師の希望で，年度や学期ごとに目標を設定して取り組む姿がみられるようになった。児童の学習状況やそれぞれの教師の課題や興味にもとづいて授業に挑戦し，それぞれの教師の多様な授業が共有されてい

った。公開された授業教科をみてみると，以前は公開授業の半数以上を占めていた国語と算数は次第に減り，国語と算数以外の教科の音楽・図工・体育が増加し，半数を超えるまでになった。

　A小学校で重視されていたのは，子どもがきき合い学びあうという共通の学校のテーマと，それにもとづく教師個人の研究テーマの探究を同時に追求する授業研究会のシステムである。公開授業研究会で各教師が作成するA4用紙1枚の授業のデザイン（略案）には，個人の研究テーマが記されており，全体での協議会や協議会後の語り合いの場は，他者の授業の工夫や思いを共有する機会でもあった。協議会後の語り合いの場は，教師自身が追求する課題についての省察とフィードバックの場として機能していた。学校全体のテーマとビジョンのもとで教師自身の課題を追究し，授業を公開して語り合うという文化をつくり，授業研究を促進した事例である。

（事例２）すべての教師が当事者となり「自分事」として引き受ける授業研究

　中規模校のB中学校は，校長の強いリーダーシップのもとで，授業づくり・学校づくりを始めた学校である[5]。校長は，自身が教頭時代にも学び合いを取り入れた授業づくり・学校づくりを経験し，前任校からは校長として取り組んでいた。教師が複数人で市内や県外の先進校の公開授業研究会に参加し，授業や事後検討会のあり方を学び，校長の前任校の授業や研究協議（事後検討会）の方法に倣って校内授業研究を始めた。

　B中学校の研究協議は前半と後半の二部構成になっており，まず，教師全員が参加する研究授業中に，「学びが深まった・活性化したと思われる発言や行動」と「学びから降りた，成立しなかったと思われる発言・行動」を付箋にメモする。そして，それをもとに3〜4人のグループに分かれて，大きな紙に時系列で学びの様子を貼りながら教師の気づきを共有する。このとき，「良かった／悪かった」「できた／できなかった」という評価ではなく，生徒の学びの事実にもとづいて，参観した教師が生徒の固有名を挙げながら，子どもの学びの実際を語り，共有する機会となっている。そして，グループでの共有をもとに，全体で自分の学びを語り，互いの学びを聴きあう。その後，まとめの協議

として，研究授業から学んだことをもとに「次回までに共通理解して取り組みたいこと」を考え全体で共有するという研究協議を行っている。この後半の協議において，研究授業や前半の協議から学んだことを生かしながら，自分の教科・学年・学級の生徒のことを想定して，「自分ごと」として自分の課題としていることが特徴的である。

　また，授業公開を行う授業のデザインには，すべての生徒が習得することを目指す「共通の課題」と，共通の課題で習得する知識や技能等を活用して理解を深めたり，それぞれが表現し他者との違いを重ねたりする「ジャンプの課題」が記載されている。このジャンプの課題を，研究授業を行う教師だけでなく，授業を公開するすべての教師が事前に協働で検討していることも特徴である。これは「ジャンプの課題検討会」と呼ばれており，「生徒が夢中になれる課題の設定が難しい」「自分が設定している課題が『ジャンプの課題』になっていないのではないか」という教員の不安の声から，教師同士が相談したことをきっかけに始まったのだという。授業をデザインする際に，ジャンプの課題は生徒が夢中になれる課題であるか，その課題がB中学校のその学年の生徒にとって適しているかを検討している。それゆえ，校内授業研究で共有されている授業を，すべて教師が「自分ごと」として捉え，共有する学校文化を生み出している。

（事例３）授業研修と対話を通した学校文化の再生

　学びの共同体にもとづく授業研究を10年以上続けているC中学校は，年間6回以上，外部から複数の講師や市の教育委員会の指導主事とともに「授業研修」[6] を継続している。教師が授業公開を行い，協議会で子どもの学びの事実にもとづいて語る授業研究が継続的に取り組まれているという点で，ひとつの学校文化を形成している学校である。

　しかし，C中学校での授業研修は，元々校長の強力なリーダーシップのもとで導入されたが，校長や教職員が異動するうちに授業研修は教師にとって「やらねばならない」ものとなり負担になっていた。継続してきた授業研修の文化は負担となり，教師が悩む一方で，これまでの授業研修の慣習を変えることは

できなかった。ここには，授業研究の文化を維持し，変革する難しさがみえる。

　そのような状況のなかで，同市内の他校で学びの共同体にもとづく授業づくり・学校づくりを自ら教頭時代に経験した校長が着任した。4年間の在職期間中に，まずは現状を分析し，2年目の4月に学びの必要性や学びの共同体のビジョンを再度提示した。年間6回の授業研修という核はそのままに，公開授業の授業デザインを校長自らが簡素化してみせて教師の負担を減らしていった。授業研修の実施にあたっては，それぞれの教師の授業デザインについて校長自らが教師と面談を行い，「どこの場面で生徒に考えさせるのか」「考える材料や方法は何か」「その学びは深い学びになるのか」について対話を毎回行ったという。これによって当初は曖昧だった授業デザインが対話を通して明確になっていき，教師らが次第に自分で考えるようになっていった。校長自身も対話のなかでアイディアを提案するが，「授業は授業者が決める」ということを前提とし，最終的な判断は教師に委ねた。また，公開授業研修前の教師間の事前模擬授業も，校長が新たにやってみようと提案したところ，負担だと言っていた教師の中から積極的に参加する教師が出てきて互いにアイディアを出しあうようになり，その後定着している。このような取り組みによって，授業や業務で誰かが困っていると自然に助けるという雰囲気や文化が学校内に形成されている。

　実際に，校長が着任して3・4年目の教師のストレスチェックの結果は，仕事の負担や職場のストレスは全国および市内平均と比較して低く，仕事の裁量度や満足度，上司や同僚の支援といった項目でかなり高い値を示した。これは，校内において教師が行いたい仕事に責任をもって取り組み，支援も得られており，教師の自律性が保障されていることを証明していよう。

　以上，3つの事例を取り上げた。どの学校も学びの共同体にもとづく授業づくり・学校づくりをしているが，学校段階や，校長のリーダーシップ，授業研究のシステム等，置かれている状況によってさまざまな現れ方をしている。A小学校の校内授業研究は，校長のリーダーシップというよりも研修主任と研修部によって主導されており，教師の声をきくことで，それぞれの教師が学び，

省察できる方法を，校内研修を中心とした文化として学校に定着させた。B中学校は，校長の強力なリーダーシップから始まった取り組みであるが，教師がジャンプの課題をデザインし協働で検討することを通して，教材と生徒の研究を深め，事後検討会において他者から学び，「自分ごと」として捉える学校文化を生み出していた。C中学校は，それまでの学校文化を校長のリーダーシップによって変え，校長と対話を重ねるなかで，教師が授業の課題や方法を再検討し，授業研究前の教師間の模擬授業でも行われているように，困っている人がいたら教職員で共有して考えあう学校文化を創り出していた。

❹　校内授業研究における「指導・助言」文化を再考するために

　前節で，教師の自律性を保障する学校の事例を挙げたが，校内授業研究では，研究授業と協議会の後に教育委員会の指導主事や大学の教員が指導や講評を行うことが多く，教師や学校には指導・助言を受けるのが当然という文化や慣習が存在する。しかし，教師の自律性を生み出し保障するという点で，指導・助言という文化についても再考すべき点がないだろうか。

　ここで，学校改善に携わるカナダ・アルバータ州レスブリッジ大学のアダムズ（Adams, P.）とタウンゼンド（Townsend, D.）らが提示し実践する「生成的な対話（generative dialogue）」を参照する。アダムズらは，あらゆるレベルのリーダーによる生成的なリーダーシップと対話によって，生成的で創造的な学習共同体を作ることを主張する（Adams & Townsend 2014, Adams, Monbourquette & townsend 2019）。彼らの研究は，学校改善をめざして学校に生成的な学びのコミュニティを生み出すために，校長や学校のリーダーのリーダーシップと教師のコミュニティに対する生成的な対話という教育方法の両面からアプローチする手法をとる。

　生成的なリーダーシップとは，生徒の学びを最大にすることを重視し，膝を突き合わせた教育的リーダーシップの実践に支えられ，目的意識のある，学習者中心の教育を実現するための条件と期待を確かなものにするリーダーによっ

て達成されるものである（Adams et al., op. cit.：p.81）。それには，次の7つの重要な要素が含まれる。①組織内のすべての人のための／による探究を基礎とした（inquiry based）専門家としての成長，②専門性の成長の計画（professional growth plan）の過程にそった，目的意識のある焦点化された頻繁な授業観察[7]，③エビデンスにもとづく質問中心の生成的な対話，④生成的な対話を実践し，手本となるリーダーの存在，⑤月1回の教育局スタッフによる学校訪問，⑥学校のリーダーによる教職員とのミーティングと，生成的な対話を用いた教師による生徒の評価，⑦さまざまな教師やリーダーから構成されるチームが生徒の学びを最大にすることを目的として省察を行い，全員が責任を共有する月例ミーティングに参加することである。

　また，生成的な対話は，ソクラテス式の対話・問答法を基礎として，相手にポジティブな点を伝え，判断や批判そして称賛や非難もせず，話すことより傾聴し，（相手に）専門的な能力があると考えて省察を促す[8]。また，教師とリーダーが共感し信頼できる場をつくり，前提を批判的に振り返り，専門家としての自己に関する独自の洞察を認識し，実践を改善するための目標を設定する。実際のミーティングでは，「あなたが専門的な実践に向けて何をしてきたか」「あなたが学んだことは何か」「あなたが示すことができるエビデンスは何か」「これからの1か月であなたは何をするか」の4つの質問と，それに対する応答によって，協働的な省察が行われる。

　アダムズやタウンゼンドは，学校を訪問し，学校や授業の改善を行うアクターとして彼ら自身が教師・校長・教育局のリーダーに関わり，生成的な対話によるコミュニティの文化を創る支援を行っている[9]。この生成的な対話を用いた実践は，教師や学校のリーダーが教育実践上の目標を自らが再設定し，具体的な行動につなげる協働的な省察の場を生み出し，教師の自律性を保障し得る[10]。日本の校内授業研究に存在する指導・助言の学校文化について，外部の支援者がどのように変革できるか，また，指導や助言を教師が相対化して捉えることのできる学校文化に変容させられるかについては，筆者も学校現場に関わる一人として，今後も検討を続けたい。

❺　おわりに

　本稿では，教師の自律性についての議論を確認したうえで，3校の校内授業研究の事例から，教師の自律性を保障する学校文化の醸成について素描することを試みた。取り上げた学校は，学びの共同体にもとづく授業づくり・学校づくりを行っている学校であるが，校内授業研究や組織のあり方は，それぞれの学校の教職員のニーズや困り感によって工夫ができ，また新しいあり方も創造できる。2021年に教員免許更新制度の発展的解消が決定され，2022年7月に廃止が決定された。教員研修の記録作成を新たに義務付ける関連法の法改正が成立したことによって，研修の「管理」「指導」の方向性が強まることも考えられる。教員の研修制度の設計や教師が研修を受けられるように多忙を解消する働き方改革ももちろん必要であるが，重要なのは，それぞれの学校で教師が自律的に自らの専門性をさらに開発できるような学校組織と文化をつくり，維持することではないだろうか。

注

1) 「教員の地位に関する勧告」「Ⅷ教員の権利及び責務」の61と63を参照。
2) 専門家共同体については，織田泰幸による「専門職の学習共同体」としての学校に関する研究がある。また，露口は「分散型リーダーシップ」にも着目している。
3) 米国の教師の専門家共同体に関する理論と実践の展開については，鈴木（2019）の『教師の「専門家共同体」の形成と展開：アメリカ学校改革研究の系譜』（勁草書房，2019年）に整理されている。
4) 授業について語る時間は，勤務時間外のため有志参加であったが，授業を公開した教師のほとんどが参加した。自分が公開した授業についてコメントが欲しい，みんなで共有したいという声があがり，このような時間と場が設定された。
5) B中学校の取り組みの詳細については，黒田友紀「「深い学び」を実現する校内授業研究とその支援」『学校教育研究』第37号（印刷中）を参照されたい。
6) C中学校では授業研究を「授業研修」と呼んでいるため，そのままの表記とした。
7) アルバータ州では教師の専門職スタンダードを設定しており，スタンダードに基づいて教師が実践の目標を設定し，対話による省察を行っている（Townsend et al., 2009およびインタビュー調査による）。

8) 生成的な対話を支える概念には，実践の共同体の理論や，成人の学びとしての変革的な学びや批判的な省察が含まれている。生成的な対話を支える概念や成人の学びの検討については，今後の検討課題としたい。

9) 2018 年 3 月にアダムズ氏とタウンゼンド氏の学校訪問に同行し，教育局スタッフと校長のミーティングと授業観察と教師チームとのミーティングに参加した。その際も，4 つの質問を中心として対話を通した省察と教師自身の目標設定を促していた。

10) これはコーチングの実践でもあり，この場での省察がいかなるものであるか等の検討は，今後の課題としたい。

参考文献

・ Adams, P., Mombourquette, C., & Townsend, D.（2019）*Leadership in education : The power of generative dialogue*, Toronto: Canadian Scholars.
・ Bryk, A., Camburn, E., & Louis, K. S.（1999）Professional community in Chicago elementary schools: Facilitating factors and organizational consequences, *Educational administration quarterly, 35（Sep）*, pp.751-781.
・ Louis, K. S., Marks, H.M., & Kruse, S.（1996）Teachers' professional community in restructuring schools, *American educational research journal, 33（4）*, pp.757-789.
・ Stigler, J. & Hiebert, J.（1999）*The teaching gap : Best ideas from the world1s teachers for improving education in the classroom*, The Free Press.
・ Townsend, D., & Adams, P.（2009）. *The Essential equation: A handbook for school improvement*, Calgary: Detselig.
・ 秋田喜代美（2012）『学びの心理学：授業をデザインする』左右社.
・ 稲垣忠彦・佐藤学（1996）『授業研究入門』岩波書店.
・ 鹿毛雅治・藤本和久（2017）『「授業研究」を創る―教師が学びあう学校を実現するために』教育出版.
・ 小島弘道 監, 北神正行・木原俊行・佐野享子 編（2010）『学校改善と校内研修の設計』学文社.
・ 北田佳子（2007）「校内授業研究会における新任教師の学習過程―「認知的徒弟性」の概念を手がかりに―」,『教育方法学研究』第 33 巻, pp.37-48.
・ 北田佳子（2011）「授業の省察における生徒固有名を伴う語りの機能：Shulman の「学習共同体」モデルを手がかりに」,『埼玉大学教育学部附属教育実践総合センター紀要』第 10 号, pp.21-28 頁.
・ 北田佳子（2014）「校内授業研究で育まれる教師の専門性とは：学習共同体における新任教師の変容を通して」, 日本教育方法学会編『教育方法 43　授業研究と校内研修：教師の成長と学校づくりのために』図書文化社, pp.22-35.

・小島弘道・淵上克義・露口健司（2010）『スクールリーダーシップ』学文社.
・坂本篤史（2012）「授業研究の事後協議会を通した小学校教師の談話と教職経験：教職経験年数と学校在籍年数の比較から」,『発達心理学研究』第 23 巻 第 1 号, pp.44-54.
・佐藤学（2012a）『学校を改革する：学びの共同体の構想と実践』岩波書店.
・佐藤学（2012b）『学校改革の哲学』東京大学出版会.
・佐藤学（2014）「学びの共同体の学校改革：ヴィジョンと哲学と活動システム」, 日本教育方法学会編『教育方法 43　授業研究と校内研修：教師の成長と学校づくりのために』図書文化社, pp.50-61.
・鈴木悠太（2018）『教師の「専門家共同体」の形成と展開：アメリカ学校改革研究の系譜』勁草書房.
・千々布敏弥（2005）『日本の教師再生戦略：全国の教師 100 万人を勇気づける』教育出版.
・千々布敏弥（2014）「校内研究としての授業研究の現状と課題」, 日本教育方法学会編『教育方法 43　授業研究と校内研修：教師の成長と学校づくりのために』図書文化社, pp.10-21.
・露口健司（2008）『学校組織のリーダーシップ』大学教育出版.
・露口健司（2010）「スクールリーダーシップ・アプローチ―変革・エンパワーメント・分散―」, 小島弘道・淵上克義・露口健司『スクールリーダーシップ』学文社, pp.137-163.
・姫野完治（2011）「校内授業研究及び事後検討会に対する現職教師の意識」,『日本教育工学会論文誌』35 巻, pp.17-20.
・姫野完治（2012）「校内授業研究を推進する学校組織と教師文化に関する研究（1）」,『秋田大学教育文化学部教育実践研究紀要』第 34 号, pp.157-167.
・「教員の地位に関する勧告（抄）」（https://www.mext.go.jp/b_menu/shingi/chukyo/chukyo8/gijiroku/020901hi.htm）［2022/4/30 確認］.

5　教師にとっての実践記録の意味

東京大学　**藤江　康彦**

❶　「実践記録」とはなにか

　本稿では，教育学や教育方法学における実践記録についての論考を参照しながら，実践記録の教師にとっての意味を検討し，実践記録を書くこと，読むことは，教師の自律とどのように関連するのかについて考察する。

(1) 実践記録の特徴

　「実践記録」とは，一般的には，教育や保育，看護，福祉など専門家による営みとしての実践の記録である。「実践を記録すること」という行為や活動を指す場合と，「実践を記録したもの」という成果物を指す場合があり，作成も実践の当事者による場合と，観察者や専門の記録者，陪席の記録者など当事者以外による場合がある（本山, 2018, p.134）。実践記録がつくられる理由は，日常業務である場合，実践自体に工夫や提案などの価値がある場合，実践研究や事例研究の一環として記録される場合（本山, 2018, p.134），などである。基本的には書きことばによるが，近年では映像や写真などによるものもある。

　教育学における「実践記録」は，「教師が自分で行った子どもに対する教育的はたらきかけと，そこでの子どもの変容の過程を記録したもの」（碓井, 1990, p.467）である。教師による「実践的でリアルな文章表現によっていて，教育方法のメディアであると同時に教育研究法のメディアでもある」（中内, 1975, p.60）とされ，「実践者の主体的，実践的な表現を重視」（中内, 1975, p.60）している点で，実証主義的な「授業記録」とは区別される。さらに，実践記録は，教育実践において「ぶつかる問題や矛盾やそれへの克服のいとなみをすべて含み」（勝田, 1972, p.85），人間としての教師の生活感を反映している

「教師の生活記録であるところにねうちがある」（勝田, 1972, p.85）点で「教師の綴方」（勝田, 1972, p.85）であるともいわれる。

（2）抵抗としての「実践記録」

　日本の学校教育における実践記録は，児童の村小学校において教育方法の一つとして作り出された子どもの「生活記録」が，教師の教育研究の方法に転用された1930年代後半に成立したとされる（中内, 1975, pp.60-61）。その後，民間教育運動が高揚した1950年前後以降に広く普及した（碓井, 2014, p. 467）。戦後教育改革のもと，教師が教育目標と方法の選択にかかわる自由を獲得したことで，教師が実践記録を書く自由も拡充されたことと連動しているとされる（碓井, 2014, p.467）。加えて砂沢（1968）は，1950年前後，とりわけ1951年に締結されたサンフランシスコ講和条約を契機として，「教育統制が民主主義と講話独立という貸衣装をまとって次々と展開」され（砂沢, 1963, p.8）たことに抵抗する動きのなかで，実践記録が相次いで発表されるようになったと指摘する。すなわち，この時期の実践記録は，教育実践の混乱や動揺から抜け出すために「高踏的理論をふりまわす教育学者に依存するのではなくて，教師自身が立っている大地を掘り起こして，そこに珠玉を発見する」（砂沢, 1963, p.10）ためのものであった。砂沢は，「大地」，すなわち教師が立っている教室や学校といった教育の現場に根ざした出来事から「掘り起こす」，すなわち「子どもの再発見」，「教師の思想と人間の変革」，「教科，教材の再吟味」，「教授と学習についての再検討」に取り組むことが教育統制に抗して教師の主体性や自律性を守ることにつながると考えている。その取り組みを支えるのが「実践記録」なのである。砂沢によれば，実践記録の内容は「教師が行なう教育指導の全体についてのこくめいな生活記録」（砂沢, 1963, p.10）といった傾向があり，また「教師の学級経営における教科指導の土台となり，教科指導とからみ合うべき生活指導の諸問題が多く取り入れられた」（砂沢, 1963, p.10）という。なぜ，実践記録を書くことや発表することが，いわばトップダウンの教育改革への抵抗，主体性や自律性を保障することにつながるのだろうか。それは，学校教育をめぐる大きな変化に直面し，教師の自律性があらためて問われる今日の学校

教育にどういう示唆を与えるのか，教師が実践記録を書くこと，読むことの意味を問い，その教師の自律との関連について考える際に，実践記録論から何を学ぶことができるのか，その今日的意味は何かを考えてみたい。

❷　実践記録論にみる教師にとっての実践記録

（1）坂元忠芳による実践記録論

　坂元によれば実践記録は，「学校の教師が行なう実践の記録，とりわけ，自己の実践を書きことばで綴った記録」（坂元, 1980, p.33）である。「書きことばで」という点には，書き手に対しては経験を対象化しより省察を深めることへの，読み手に対してはより丁寧に理解を進めることへの要求が示されている。

　では，実践記録にはなにが描かれるべきか。坂元は「教育実践記録の中心は，なんといっても，子どもがどのように発達していったか，その発達をうながす教師の働きかけはなんであったか，ということの記録である」（坂元, 1980, pp.35-36）と述べ，「このことが記録されていない場合は，教育実践記録とはいえない」（坂元, 1980, p.36）と主張する。また，教育実践記録には，「働きかける側と働きかけられる側，そして，それをとりまくさまざまな状況の記録の要素を含んでいる」（坂元, 1980, p.35）と述べる。実践は子どもと教師を要素とする関係性の編み目において生成すること，ゆえに，子どもと教師の相互行為を単位として実践を把握すべきということであろう。

　実践記録は教師にとってどのような意味があるだろうか。坂元は，実践記録の教師にとっての意味について，実践記録を「書く」ことと「批評する」こととに分けて論じている。まず「書く」ことについて，坂元は「子どもと人間的に格闘する情熱のないところに，おもしろい実践も，したがってすぐれた実践記録も生まれない」（坂元, 1980, p.237）と述べる。それは，実践記録を書くことは「子どもに対する働きかけの格闘をみずからの迷いや悩みを含めて，対象化すること」（坂元, 1980, p.237）であると考えているからである。坂元は，教師が実践記録を書く出発点は自己の実践に対してもつ「本音」にあるという。

「本音」とは「子どもとの格闘のなかで，日ごろだれもが実感している喜びや苦しみ，迷いや悩み」（坂元, 1980, p.237）といった情動的経験である。その「本音」を起点として実践の課題へと発展させ，粘り強く取り組んでいく「その過程を，事実そのものを客観的に記録することによって対象化していく」（坂元, 1980, p.237）ことが重要であると坂元は指摘する。そしてその対象化の手段として，多様な手段がありうるなかで坂元は「書きことば」を用いた「教師の生活記録」としての実践記録を求める（坂元, 1980, p.237）。

　「『生活記録』としての実践記録」を坂元が求める理由は次の二点である。一つには，書くことにより，情動的経験としての「教師としての生き方や生きざまを内面から対象化する」（坂元, 1980, p.237）ことができるからである。二つには，教師に実践記録を書く必然性を与える「やむにやまれぬ表現の意欲」（坂元, 1980, p.237-238）が書くという行為を支えるからである。実践記録を書く行為は，その内容が子どもとの「格闘」であればなおさら教師にとっては必ずしも快感情を伴うものではない。できなさを感じ，自己不全感に陥ることも多いだろう。さらに，先述のように相互行為として教育実践をとらえ，教師の「働きかけに対する子どもの側の反応が，子ども自身の目をとおして対象化され，それが記録され，教師の記録に対置されなければならない」（坂元, 1980, p.246）のだとすると，当事者として自己分析と状況分析をし，自身の経験と子どもの経験を，その当時の子どもの行為から言語化して自身の経験と重ね合わせる必要がある。その意味では情動的にも認知的にも負荷のかかる作業となる。しかし，その過程が教師にとって必要であると坂元は考えている。すなわち，実践記録は教師にとっては「思いを客観化し科学化し自己批評していく過程そのもの」（坂元, 1980, p.238）であり，それが教師の生活でもある教育実践に展望をもたらすということであろう。

　続いて，「批評する」ことについてであるが，「批評」とは，坂元が示すその要諦（坂元, 1980, p.262）に基づくと次のような行為である。一つには，内容面について，発達の科学に即して「そこに表現されている教育的事実」，すなわち教師の「働きかけと子どもたちの発達の事実の相互関連」を明らかにする

こと，そして「その教育学的意味」を明らかにすることである。その過程では，「働きかけが，子どもの内面にどのようにかかわっているかを解剖する」のである。「解剖」という語からは，当該の教師と子どもの相互行為を局所的にとらえていくとともに実践の全体にも位置づけるという二つの次元での分析が必要であることが示唆される。二つには，そのことを通して「教育学や発達の科学に新しい問題を提起していく」ことである。学校現場からアカデミアに向けて価値ある教育の事実を示すとともに，「実践の中の理論」を構築して提起していくこと，研究者に実践の価値の発見や実践にもとづく理論構築をうながす情報提供という意味ももっていると考えられる。そして三つには，その事実の表現としての記述が適切であるかということに迫っていくことである。

　批評者は単なる読者ではなく，実践記録を分析的に読み込んだうえで，明らかになった課題を自らの課題として引き受けて授業者と対話的な関係を結ぶ。したがって，実践記録の分析と批評は，必然的に記録を提出した人とそれを分析し，批評する人びととの相互批評のかたちをとるようになるのだと坂元はいう。そして，批評者には「不安というより，実践の事実に対するあるおそれにも似た意識」（坂元, 1980, p.40）を抱くほどきわめて厳しい要求が突きつけられる。それゆえ「教育実践記録を集団で検討することがどうしても必要」（坂元, 1980, p.40）だと坂元はいう。実践記録は，実践のなかから教師が自身の課題意識や，ある価値や理念に基づいて出来事を切り出してきたものである。その過程は実践者の主体的な行為であるとともに記録としては主観的なものであるといってよいだろう。坂元によれば，「その態度と思想もまた，集団のなかで分析され，批評されることをとおして，客観的なものにされていく」（坂元, 1980, p.39）。相互批評というかたちを必然的にとることになることで，子どもの発達と教師の働きかけとの相互行為のメカニズムやそのメカニズムを分析する枠組みを個人や集団で生成し共有することが可能になるのであろう。

（2）碓井岑夫による実践記録論

　碓井によれば実践記録は，「教育的価値や理念とそれらを具体的に実現する過程，換言すると，子ども・青年の発達的価値を具体化する過程を描いたもの」

である（碓井, 1982, p.15）。さらに碓井は，「単なる教育活動の忠実な再現でも
なければ，教育結果の判定・評価の記録でもない」（碓井, 1982, p.15）とし，「教
育創造に参加した人びとの創り出した"事実"」（碓井, 1982, p.15）であると説
明している。碓井は，子どもや青年が「内面にかかえている諸矛盾と外的世界
との関係を自らの力で切り拓き，認識や表現力など人間としての思想や感情を
形成する」（碓井, 1982, p.15）ことを指して「事実」と説明している。つまり
子どもの発達の姿のことを指しているのであろう。事実は参加者ごとに多様に
生成されるものであり，そうであるがゆえにきわめて不安定である反面，実践
の多様な価値づけを可能にする（藤江, 2018）。

　では，実践記録にはなにが描かれるべきか。碓井（1990）は後年，実践記録
の内容として，①教師の教育思想・子ども観（教師は自らの思想を理念として
語ることは少ないが，具体的な実践過程の事実として豊かに表現する），②教
育的はたらきかけ（教育技術）と子どもの成長・発達との関係（個々の教育技
術が子どもの思考・態度・認識をどのように変化させたか，子どもの感想や反
応が教師の教育技術の質をどのように問うているか），③教師自身の自己変革
の過程（すぐれた教師は，子どもや父母から多くのことを学び，自己の実践を
対象化することによって，自分を変革していく契機を発見してゆく）の4点を
挙げている（碓井, 1990, p.467）。教師は，"事実"を通して教育的価値や理念を
語るので，多様な解釈に開かれていることよりも，筆者である教師の価値や思
想が読者に伝わることのほうが重要なのである。そして，碓井が「教育実践記
録の読み手は，……"事実"とその背後にあるものを読み分けていかねばなら
ない」（碓井, 1982, p.16）と述べるように，「時代状況」，「教育思想」，「子ども
の現実」が教師による"事実"の背後にはあり，その背後の描き方によって"事
実"は確からしさを増す。そうなることで，読者に理解と共感をもたらすので
はないか。さらに，実践記録が，おこなわれた実践の事後的な忠実な再現では
なく，教師による教育思想の表現であるとすれば，実践記録には著作として自
身の思想が具体的な子どもの姿や授業の風景として描かれる必要がある。この
ことに関して，碓井は，「すぐれた教育実践記録には連続的な意図的な教育的

働きかけのさまざまな事実のなかから『切りとり』や『付け加え』,『抽象化』や『具体化』,『強調』や『省略』,『特殊化』や『一般化』などの方法によって選択された諸事実が書かれている」（碓井, 1982, 22頁）と述べる。

　実践記録は教師にとってどのような意味があるだろうか。碓井（1982）は,教師を意図的・持続的な教育活動の組織者であると位置づけたうえで,「この活動は,教師にとって他者を教育する仕事,つまり,自己を変えつつ他者の成長・発達を具現する活動なのである。したがって,その過程を記録することは,教育の対象である子ども・青年に対する責任であるだけではなく,教師自身の自己認識であり,自己表現でもある」（碓井, 1982, pp. 20-21）と述べる。教師は,実践において自身が成長したり,挫折を経験したりする。なぜ自分は成長したのか,なにに対して躓いたのかを言語化することは,その状況における子どもの姿を詳細に描くことでもある。同時に,教師の働きかけに対する子どもの応答に実践に対する評価があらわれるだろう。つまり,「教師は自分の教育実践の結果を子どもの存在や彼らが獲得をした文化のなかに見ることになる」（碓井, 1982, p.21）のである。また,碓井が読み手に対して「それぞれの教師は価値的な選択を通じて実践を記録しているのであるから,読者はその価値原理や選択の手続き・方法論を吟味し,そこに表現されている子ども観や教育原理を読みとらねばならないのである」（碓井, 1982, pp.22-23）と述べるが,書き手の教師にとっては,なぜ自分はその出来事が気になっているのかを省察することで自身の思想や価値に気付くということもあるだろう。さらに,「教師の自己表現活動の過程には,子どもはもとより教師自身の生き方の成長が見えている」（碓井, 1982, p.32）,「重要なことは,教師が教育実践の困難や問題をどのようにとらえ,それを解決・克服する過程で彼の発揮した技量と自己変革の道筋をきめ細かく読みとること」（碓井, 1982, p.33）と述べるように,実践記録には教師の自己変革の様相が示される。書き手の教師からすれば,自分の実践の構造やその経験を対象化し表現する行為でもある。あるいは自身の教育観や子ども理解の枠組みを直接間接に提示する行為でもある。一人の教師の実践の構造やそこでの諸行為,その背景にある理念や認知について詳細に分析できる

事例であることが読者である教師の学習において意義があることはいうまでもないだろう。

（3）高田清による実践記録論

高田（2014）は,「実践記録」を日本の教師の歴史的遺産であり，教師の「実践的指導力」の形成に大切な意義をもっていると指摘する（高田, 2014, p.318）。

では，実践記録にはなにが描かれるべきか。高田は授業を「客観的作用過程」と「意識的内面的過程」に分ける（高田, 2014）。「客観的作用過程」とは，記録機器によって客観的にとらえ記録することができる過程であり，例えば，子どもたちへの教師の具体的な「働きかけ」とその際の口調や表情，子どもたちの振る舞いや表情である（高田, 2012, p.319）。「意識的内面的過程」とは，実践の過程での教師と子どもたちの意識，認識，感情などの内面的過程である（高田, 2012, p.319）。そして，「教師の『意識的内面的過程』をとらえなければ教師の実践的指導力形成の道筋をとらえることはできない」（高田, 2012, p.320）と高田は述べる。それゆえ，教育実践記録には，教師と子ども双方の客観的作用過程と意識的内面的過程が描かれる必要がある。さらに，意識的内面的過程は観察からはとらえられないため，教師や観察者は授業の過程においては子どもの表情や言動から解釈することが必要になるとともに，実践のあとに教師や子どもたち双方から確認する作業が必要となる（高田, 2014, p.320）。さらに，「客観的作用過程」と「意識的内面的過程」との関係についてであるが，「実践記録づくり」においては「客観的作用過程の記録（速記録）に，それに対応した意識的内面的過程が書き加えられる」（高田, 2014, p.321）とされているのに対し，「分析活動」においては「実践分析は授業者自身の意識的内面的過程と対応させて，客観的作用過程を分析することが基本」であるという（高田, 2014, p.321）。記録づくりにおいては，観察から得られたデータによってまず授業の過程が描かれ，その後インタビューから得られたその過程における授業者や子どもの主観的経験が補足される。そのようにしてつくられた実践記録を分析するにあたっては，客観的作用過程を分析するのであるが，その際にインタビューなどから得られた当事者の経験を参照しながら分析をおこない，授業

の客観的な時間の経過や出来事の局面における当事者の経験を追うことで授業を立体的に捉えようとするのであろう。

　実践記録は教師にとってどのような意味があるだろうか。高田は,「実践記録」が教師の「実践的指導力」を構成する①子どもをとらえる力,②子どもたちに働きかける力,③活動内容を構成する力,④実践を認識する力の四つのなかでもとりわけ「実践を認識する力」の形成に重要な意味をもつことを指摘する。それは,実践記録づくりが次のような営みであるからである。すなわち,「自らの実践のなかで『体験した事実』を実践記録としてまとめ,それを分析・検討することで,子ども理解を深め,働きかける方法技術を高め,子どもたちの取り組む活動内容を豊かにする研究活動を行う」(高田, 2014, p.319)。この営みのうち,「実践の記録をとり,それを教育実践記録としてまとめ,みんなで協働的に分析・検討する活動,つまり『実践記録づくり』と『分析活動』」(高田, 2014, p.319) は「実践の対象化」の過程である。実践を対象化してとらえることができるようになることは「実践を認識する力」の形成においてはきわめて重要である。

　高田はとりわけ教師の学習の観点から実践記録を説明している。個人においては経験学習の過程であり,集団においては協働学習の過程であるといってよいであろう。また,「実践記録」作成の過程を「実践記録づくり」という活動として定位している点も特徴的である。坂元においても碓井においてももちろん「実践記録」は記述されることが前提ではあったが,それ自体を一つの局面としてとらえていたわけではなかった。むしろ「教育実践」との不可分性が強調されていたように思われる。ただし,坂元においては,実践記録の批評も大変重視しており,「分析活動」という実践記録を「読む」ことに意識が向けられている点で,高田と共通している。

　さらに,高田において,実践記録を書く主体は必ずしも教師と定められていない。高田は「実践記録づくりでは,実践者,記録者,分析者などが,それぞれの解釈や分析,判断を付きあわせながら,客観性を高めていくことが大切である」(高田, 2014, p.321)と述べるが,特に意識的内面的過程の解明においては,

授業の過程においては観察者による解釈も想定されているし，事後的な把握において教師を対象者として位置づけてもいる。高田は「実践記録づくりで必要になるのは，実践した教師に他者が聞き込む活動である」（高田, 2014, p.321）と述べる。それは，「実践者が必ずしも意識的でなかった働きかけを意識化させ，言語化させる」（高田, 2014, p.321）ためであり，そのことで実践記録づくりは同時に分析的機能をもつようになるのだという（高田, 2014, p.321）。高田は，「実践記録づくりは，……ともに授業を改善し，実践的指導力を高めあおうとする教師集団，研究仲間などとの協働的な活動として行う必要がある」（高田, 2014, p.321）と主張する。碓井，坂元が授業者である教師が実践記録の著者であることを前提としていたことと違い，高田は実践記録をそもそも協働的に構成するものであると考えている。だからこそ，実践記録づくりに分析的機能をもたせ，実践記録をめぐる一連の活動を協働的な営みとしたのであろう。

❸　実践記録を「書く」こと「読む」ことと教師の自律

　以上，三つの実践記録論を概観し，それぞれにおいて，実践記録が教師にとってどのような意味があると論じられているのかを検討してきた。これらから何を学ぶことができるだろうか。

　一つには，経験を事例として「書きことば」で表現することの意味である。いずれの論においても，実践記録は書かれたものであることが前提とされていた。なぜ「書く」ことにこだわるのか。ショーマンのケース・メソッドに手がかりを得たい。教師の学習について論じたリー・ショーマン（Shulman, L.）は，教師の力量形成の方法として構想したケース・メソッドにおいて，ある時期から事例を「書く」ことに重きをおくようになったという（若松, 2020）。ショーマンは経験を分析的に記述して学ぶために必要な要素として，次の四つをあげている（Shulman, 1996）。すなわち「意図」，「偶発」（意図せず（意図に反して）生じた出来事），「判断」（意図せぬ出来事においてどのように判断したか），「省察」である。とりわけ，ショーマンは経験からの直接的な学習ではなく，自身

の経験について考えることからの学習を重視し，「意図」と「偶発」との間の
ズレから生じる教師の思考を重視している。そして，この四つの事象から事例
が構成される「失敗」事例が教師の探究を導き力量形成に寄与すると指摘する
（Shulman, 1996）。ケース・メソッドにおいては実践の対象化が学習につなが
る点，すなわち「自身が保有する知を更新する」（若松, 2020, p.7）ことを可能
にする点に「書く」ことの価値が見いだされているといえる。

　当該の実践の当事者として，「意図」と「偶発」との間のズレを対象化し，
何が起こっていたのかを言語化する過程で，当該の実践における子どもの意思
や要求，内的矛盾などが見いだされる。そのことが当該の事例における自身の
行為についての自覚化や再自覚化をうながすとともに，ズレの構造が明確にな
る。ズレの構造を省察する過程で自身の「意図」に内在した子ども理解の枠組
みや子どもへの要求，その背後にある教育観が照らし出される。このような営
為が実践の変革や自己変革を引き起こす契機となる。口頭で話すときのように
即興的な応答を求められない状況で，時間をかけて，冷静に，自身の経験を言
語化しさらに想定される聴き手の声，自身の声との内的対話を通して編集する
ことが，変革の契機を支えるのだろう。

　「書きことば」にも語り口はある。浅井（2008）は「教師が『私』という一
人称で語り，子どもたちが固有名で登場し，教室や学校で生起した出来事が物
語の形で描出された教育の記録」（浅井, 2008, p.4）であると実践記録を定義し
ている。浅井は，教師の一人称の語りは「教師としてのあり方の再構築，子ど
もの再発見，教育の意味の再編が遂行される媒体であると同時に，社会，思想，
文化の結節点に成立している」（浅井, 2008, p.5）と述べる。すべての実践記録
が一人称で書かれるわけではないが，教師が実践記録を書くという行為は教師
にとっての自己探究であり，とりわけ教師としての自己と教育実践の経験，そ
の教育実践を構成しつつ制約を与える子どもや同僚教師，社会や政策との関係
における自己の探究をとおした自己の再構成を自身に要請する行為であるとい
えるだろう。実践をどのように書くのか，新たな語り口や文体，語彙の獲得が
同時に実践との対峙のあり方を変え，教師としての自己の変革につながる。ま

たその逆に自己の変革が実践への対峙の仕方を変え，それが語り口や文体に変化を与え，語る言葉を豊かにしていくこともある。自己のありよう，実践との対峙のあり方を書くことを通して調整していけるのであれば，それは自律の一つのあり方であるといってよいであろう。

　二つには，実践記録の読み手の共同体があることの意味である。先にみたショーマンのケース・メソッド論においては，ケース・メソッドは「分析―構築―コメント―コミュニティ」というサイクルとして定式化されている（Shulman , 1996）。「実践記録」を「批評する」（坂元, 1980），「実践分析」（高田, 2014）など，先にみた実践記録論においてもその理論的背景や具体的手続きは異なるが，「実践記録」を「読む」ことに紙幅が割かれていた。つまり「書く」ことは「読まれる」ことを前提としていること，「書く」ことにこだわるということは「読む」ことにこだわるということ，「読む」ための共同体の構築が「実践記録」という営為の前提となること，が示唆される。むしろ，解釈共同体としての読み手の共同体が先にあり，その成員に求められる行為として「書く」ことが存在すると考えることもできる。実践記録の表現において「強調と省略」がなされることを指摘した勝田（1972）も，「強調と省略」がフィクションに似た性質を記録に与えることを認めつつ，その「主観性」を克服するために「なかま（サークル）」，すなわち読み手の共同体が必要であることを主張する。勝田（1972）が指摘する「強調と省略」がはらむ主観性の克服は，「なかま」の仕事として行われ，「なかまを結ぶきずなとして，あるいはなかまの共通のものになるという意味で一般化される」（勝田, 1972, p.86）という。読み手の共同体において読みあい，批評しあうことを通して，次第にその共同体固有の語り口やテーマや物語の枠組みの定型がうまれ，その型に合わせるように記述されたり，出来事が事例として抽出されたりすることで，ローカルに「一般化」がなされていくこともあるだろう。それは実践記録の生産性を高め，世代間の継承を容易にする。共同体でその型が構築され共有される過程を経て，その型の共有／非共有が共同体の成員と非成員との境界となり，その型の伝承が共同体の存続となる。その意味では，教師個人としての自律の前提として，

読み手の共同体があり，その共同体の成員性を獲得し正当な成員として参画できることが共同体内での自律としてまず必要ではないだろうか。

　以上，実践記録を書くこと，読むことは，明日の実践にとどまらず，自分の教師としての自己や生き方，子どもの発達，共同体の存続の「エビデンス」を自分たちで創出していく営為であるといえるのではないだろうか。その営為に教師の自律性を認めることができないだろうか。データ駆動型社会の到来の前に，その教育における意味をさらに探究していく必要がある。

参考文献

- 浅井幸子（2008）『教師の語りと新教育：「児童の村」の1920年代』，東京大学出版会.
- 藤江康彦（2018）「教育実践研究における『事実』とは何か」，日本教育方法学会（編）『教育方法47：教育実践の継承と教育方法学の課題：教育実践研究のあり方を展望する』，図書文化，pp.68-81.
- 勝田守一（1972）「実践記録をどう評価するか」，『勝田守一著作集第3巻 教育研究運動と教師』，国土社，pp.83-91.
- 本山方子（2018）「実践記録」，能智正博・香川秀太・川島大輔・サトウタツヤ・柴山真琴・鈴木聡志・藤江康彦（編）『質的心理学辞典』，新曜社，p.134.
- 中内敏夫（1975）「実践記録」，民間教育史料研究会・大田堯・中内敏夫『民間教育史研究事典』，評論社，pp.60-61.
- 碓井岑夫（1982）「教育実践記録をどう読むか」，碓井岑夫（編著）『教育実践の創造に学ぶ：戦後教育実践記録史』，日本教育新聞社，pp.13-35.
- 碓井岑夫（1990）「実践記録」，細谷俊夫・奥田真丈・河野重男・今野喜清（編集代表）『新教育学大辞典』，第一法規出版株式会社，pp.467-468.
- 坂元忠芳（1980）『教育実践記録論』，あゆみ出版.
- Shulman, L., (1996) "Just in Case: Reflections on Learning from Experience," In Colbert, J., Desberg, P. & Trimble, K. (eds.), *The Case for Education: Contemporary Approaches for Using Case Methods*, Allyn and Bacon.
- 砂沢喜代次（1963）「授業記録は何のためにとるか」，砂沢喜代次ほか『授業の技術 別巻 授業記録のとり方』，明治図書，pp.7-35.
- 高田清（2014）「教師の実践記録」，日本教育方法学会（編）『教育方法学ハンドブック』，学文社，pp.318-321.
- 若松大輔（2020）「リー・ショーマンによる教師の力量形成論の意義と課題：ケース・メソッドに焦点を合わせて」，『教育方法学研究』45，日本教育方法学会，pp.1-11.

教育方法学の研究動向

1 教職課程改革における教育方法関連科目の位置と課題
― 「情報通信技術を活用した教育の理論及び方法」の新設をめぐって―

1　教職課程改革における教育方法関連科目の位置と課題
―「情報通信技術を活用した教育の理論及び方法」の新設をめぐって―

筑波大学　**樋口　直宏**

❶　教育職員免許法における教育方法関連科目の推移

　2021（令和3）年に教育職員免許法施行規則が改正され，「情報通信技術を活用した教育の理論及び方法」1単位以上の修得が義務づけられた。そこで本稿では，改正の経緯および新科目の内容や課題を明らかにするとともに，「教育の方法及び技術」を含む教育方法関連科目のあり方について考察することを目的とする。

　まず，教育方法関連科目の推移について検討する。教育職員免許法施行規則において，「教育の方法及び技術に関する科目」が設けられたのは，1989（平成元）年である。これは，1987（昭和62）年12月の教育職員養成審議会答申「教員の資質能力の向上方策等について」にて，専修免許状の新設，必要単位数の引き上げ，社会人に対する特別免許状，二種免許状上進特例の廃止といった点とともに，それまで教育原理，教育心理学・児童（青年）心理学，教材研究・教科教育法，教育実習から構成されていた教職に関する専門科目の充実を図るものであった。具体的には，「教育の本質及び目標」「幼児，児童又は生徒の心身の発達及び学習の過程」「教育に係る社会的，制度的又は経営的な事項」「教科教育法」「道徳教育」「特別活動」「生徒指導及び教育相談（・進路指導）」に関する科目とともに，「教育の方法及び技術（情報機器及び教材の活用を含む）」が新設された。

　また，1997（平成9）年7月には「新たな時代に向けた教員養成の改善方策について」が答申され，これをふまえて1998（平成10）年には教育職員免許法および同施行規則も改正された。そこでは，教職に関する科目が大括り化さ

れて必要な事項を含みこむことや，総合演習の新設（2008（平成20）年から
は「教職実践演習」），教科教育法や中学校の教育実習の単位が増やされた。「教
育の方法及び技術（情報機器及び教材の活用を含む）」については大きな変更
はないものの，教育職員免許法施行規則第66条の6に定める科目として，「日
本国憲法」「体育」「外国語コミュニケーション」とともに「情報機器の操作」
2単位を履修することとなった（坂本，2009）。

　さらに，2015（平成27）年12月には中央教育審議会から「これからの学校
教育を担う教員の資質能力の向上について」が答申され，特に「教科及び教科
の指導法に関する科目」として教科に関する専門的事項が内包された。「教育
の方法及び技術（情報機器及び教材の活用を含む）」は，「道徳，総合的な学習
の時間等の指導法及び生徒指導，教育相談等に関する科目」に位置づけられ，
各教科の指導法にも「情報機器及び教材の活用を含む」という文言が加えられ
た。そして事項ごとに「教職課程コアカリキュラム」が作成され，それにもと
づいた課程認定審査が行われた。

❷　教員養成部会における議論

　教育の情報化に関する動向については小柳（2021）に詳しいが，2019（平成
31）年3月に始まった第10期中央教育審議会初等中等教育分科会教員養成部会
では，Society5.0に向けた教師の資質能力向上とともに，すべての教師に情報機
器・教材の活用方法を十分に習得させるための教職課程の現状と課題について
も言及されている。その後，2019（令和元）年4月に中央教育審議会に諮問さ
れた「新しい時代の初等中等教育の在り方について」や，補正予算として計上
されたGIGAスクール構想をふまえて，2020（令和2）年3月には文部科学省か
ら「学校のICT環境整備の充実に対応した教員養成等の充実について」が通知
された。また，教員養成部会の審議まとめ（同年7月）においては，教師の
ICT活用指導力の向上方策として，教職課程の各教科の指導法などの授業にお
いて，学生がICT活用指導力を身に付けることができるように，例えば国が動

画コンテンツを提供することや，大学の授業の取組状況をフォローアップすること等が，具体的に提案されている。

　その後も，同年10月には同部会において「教職課程における教師のICT活用指導力充実に向けた取組について」がまとめられ，1）教師のICT活用指導力として必要となる資質・能力，2）教師向け研修資料を活用した実践的な学修，3）主体的・対話的で深い学びの実現に向けた授業改善について，留意すべき点が示された。教職課程についても，ICT活用指導力を体系的に身に付けることができるように，各科目の役割を明確にしながら教育課程を編成することを求めている。

　さらに第118回教員養成部会（同年11月）においては，資料「教職課程におけるICT活用に関する内容の修得促進に向けた取組（案）」が提示され，その中に「情報機器の活用に関する理論及び方法」（仮称）の新設も含まれた。「教育の方法及び技術」に関しては，新設に伴う同事項のあり方に関しては言及されなかった。

　その後，第119回（同年12月）におけるヒアリングを経て，第120回（2021（令和3）年1月）においては「情報通信技術を活用した教育に関する理論及び方法」（仮称）の教職課程コアカリキュラムが提案された。また同時期に答申された「『令和の日本型学校教育』の構築を目指して」においては，各教科に共通して修得すべきICT活用指導力を総論的に修得できるように新しく科目を設けることや，教職実践演習において模擬授業などのICTを活用した演習を行うといった，審議まとめからさらに踏み込んだ記述もみられる。第122回（同年4月）には教員養成部会委員の交代があったが，第124回（同年6月）において最終案が認められ，同年8月には教育職員免許法施行規則が一部改正された。

❸　教育職員免許法施行規則改正と教職課程コアカリキュラムの内容

　教育職員免許法施行規則の改正における主な変更は，以下の3点である。
　第一は，「教育の方法及び技術（情報機器及び教材の活用を含む。)」のうち

カッコ内の「情報機器及び教材の活用を含む」を切り出し，新たに「情報通信技術を活用した教育の理論及び方法」を事項に追加したことである。この事項は1単位以上の修得を必要とするが，必要な授業時間数が確保されていることがシラバス上で確認できる場合には，他の事項と併せた授業科目の開設が可能とされた。担当者についても，当分の間，改正前の「教育の方法及び技術」および「各教科の指導法」のいずれかの授業科目で活字業績を有している者が担当可能となった。なお，幼稚園，養護教諭及び栄養教諭における変更はない。

　第二は，教育職員免許法施行規則第66条の6に定める科目「情報機器の操作」2単位について，新しく「数理，データ活用及び人工知能に関する科目」との選択を可能にしたことである。教員養成部会の資料によれば，「数理，データ活用及び人工知能に関する科目」を開設している大学は，原則として当該科目を修得させることを求めるとされている。

　第三は，「各教科の指導法（情報機器及び教材の活用を含む。）」の名称を，「各教科の指導法（情報通信技術の活用を含む。）」としたことである。また，教職課程の総仕上げとして位置付けられている「教職実践演習」においてもICTの積極的な活用を図り，ICT活用指導力に必要な知識技能が修得されていることを確認し，その定着を図ることとした。このように，入学から卒業にかけてICT関連科目の内容を明確にして，体系化を図ったのである。

　教職課程コアカリキュラムについては，「教育の方法及び技術」のなかで「情報機器及び教材の活用」に関する項目が削除されたほかは，これまでと同じ内容である。それに対して，「情報通信技術を活用した教育の理論及び方法」の全体目標では，情報通信技術を効果的に活用した学習指導や校務の推進のあり方ならびに児童および生徒に情報活用能力（情報モラルを含む。）を育成するための指導法に関する基礎的な知識・技能を身に付けるとされており，教職課程におけるICT活用について言及されている。そして，全体目標の下には以下のような三つの一般目標が設けられている。

　第一は，「情報通信技術の活用の意義と理論」である。個別最適，協働的，主体的・対話的で深い学びの実現，特別の支援を必要とする児童及び生徒に対

する情報通信技術の活用の意義や，ICT支援員などの外部人材や外部機関との連携とICT環境の整備のあり方といった点があげられる。

　第二は，「情報通信技術を効果的に活用した学習指導や校務の推進」である。デジタル教材の作成・利用，学習履歴（スタディ・ログ）など教育データの活用や教育情報セキュリティの重要性，遠隔・オンライン教育の意義，統合型校務支援システムを含む校務の推進といった点が到達目標となっている。

　第三は，「児童及び生徒に情報活用能力（情報モラルを含む。）を育成するための指導法」である。各教科，道徳，特別活動，総合的な学習の時間を横断的に育成する情報活用能力，各教科等の特性に応じた指導事例，児童に情報通信機器の基本的な操作を身に付けさせるための指導法（小学校教諭）といった点が到達目標である。

❹　「情報通信技術を活用した教育の理論及び方法」新設に伴う諸課題

　今回の教職課程の変更は時期的にも，また影響の大きさという点からも，唐突な印象を受ける。もちろんそこには，Socity5.0政策に加えて，新型コロナウイルスにより学校の休校措置が断続的に実施され，ICTの活用が必須となり1人1台の導入とコンテンツ開発が一気に進んだという背景がある。しかし，以下のような検討すべき課題があると筆者は考える。

　第一は，「情報通信技術を活用した教育の理論及び方法」の内容に関する問題である。教職課程コアカリキュラムにおいては，情報教育（情報活用能力の育成やプログラミング教育の推進），教科指導におけるICT活用，校務の情報化といった教育の情報化に関する内容が前提とされている。だが，視聴覚教育の歴史や情報の果たす役割，情報社会の光と影といった理念的な部分への言及が少なく，情報通信技術の活用を前提とした内容となっている。また，個別最適，協働的，主体的・対話的で深い学び，さらには特別の支援を必要とする児童および生徒といった内容が，情報通信技術の活用の到達目標に含まれることによって，情報通信技術が活用されなければそれらの目標が達成されないよう

にも読みとれる。教職カリキュラムが大綱的であることは，大学教育の独自性を保障するうえで望ましいが，解釈によってはこのような問題を含んでいることに留意する必要がある。

　第二は，授業担当者の問題である。「教育の方法及び技術（情報機器及び教材の活用を含む。）」は，教育方法学または教育工学を専門とする研究者が担当することが多く，この他に教科教育研究者や実務家教員，他の教育学分野さらには心理学や情報科学を専門とする研究者など，様々なジャンルの教員が担当する。それゆえ授業内容も，教育方法学研究者は教育方法の原理，実務家教員は授業実践，教育工学や情報科学の研究者は情報教育というように，それぞれの専門性を中心にしつつ，これらを総合した授業を構築することが一般的である。ところが，「情報通信技術を活用した教育の理論及び方法」1単位分を切り出すことによって，同事項の内容に特化した専門性が担当者には求められることになる。教育方法学研究者のうちICTを専門にしていない者はこの授業を担当するための力量が必要となる一方，情報科学を専門とする研究者は学校教育の内容をどの程度取り入れることが可能かという点が懸念される。

　第三は，「教育の方法及び技術」の内容や形態に関する問題である。「情報通信技術を活用した教育の理論及び方法」を新科目として設定すれば，教職に必要な総単位数を超過することになり学生にとっても負担が増える。そのため，「教育の方法及び技術」を1単位に減らすことや，シラバス上で「教育の方法及び技術」と「情報通信技術を活用した教育の理論及び方法」の内容を1単位分ずつ確保して2単位科目とすることが，対応策として考えられる。だがそれによって，元々2単位科目であった「教育の方法及び技術」で扱う内容や時間は，従来よりも半分程度に減らさなければならなくなる。また今までの「教育の方法及び技術（情報機器及び教材の活用を含む。）」といった名称から「教材」の文言が消滅するなど，教育方法学に関する内容が減少することは，教育実習や採用後の授業実践にも影響を及ぼすであろう。科目設定についても，上記で述べた担当者の専門性を考えると，1単位ずつを2名が別々に担当する可能性もあり，内容の関連性という観点からも課題である。

❺　教育方法関連科目の方向性

　以上のように，教育方法関連科目において情報通信技術を扱う比率や内容が増加する一方で，それに伴う課題があることも確認してきた。これらをふまえて，今後教育方法関連科目をどのように方向づけるかについては，教職課程カリキュラムの全体と各科目の内容という両面から検討する必要がある。

　このうち前者については，教員の資質能力と実践的指導力という観点から議論が進められてきた（樋口，2017）。例えば，2012（平成24）年中央教育審議会答申「教職生活の全体を通じた教員の資質能力の総合的な向上方策について」において，新たな学びを展開できる実践的指導力として，「基礎的・基本的な知識・技能の習得に加えて思考力・判断力・表現力などを育成するため，知識・技能を活用する学習活動や課題探究型の学習，協働的学びなどをデザインできる指導力」が例示されている。また，日本教育大学協会（2004）では，教員養成のモデル・コア・カリキュラムとして，教育現場における実践・体験とそれをふまえた研究的省察をねらいとする教員養成コア科目群を提示している。これは1年次から体験や実習を取り入れ，教職に関する科目と教科教育，教科専門科目を架橋する役割を果たしているが，「教育の方法及び技術」については，教科の知見と連関をもちつつ総合的にコーディネートする役割が期待されている。同様の試みは，山梨大学「変態促進プロジェクト」等にもみられ，自らの教育実践を問い直し，デマンドサイドのニーズに対応して柔軟に「変態（metamorphose）」する教師養成を目指すための基幹型授業群の一部として，「授業分析論」「授業設計論」「授業実践論」といった科目が設定されている（高橋，2010）。

　さらに石井（2014）は，ショーン（D.A.Schön）らのいう教師の「技術的熟達者」と「省察的実践家」という専門職像は，それぞれ定型的熟達化と問題解決的省察に矮小化される傾向があることを指摘した。そのうえで，教科の知的営みの本質に触れる「教科する」授業を実践するために，学問的知識や教養および研究する経験の意味に注目した「学問する」教師を基軸とした高度化モデ

ルを提案している。このように教育方法関連科目は，人間形成の方法や教育実践への連続性を視野に入れつつ，単なる技術論にとどまらない，自らが実践を設計し省察できるようになるための原理や方法を修得する科目であることが求められる。

　次に，後者のうち「情報通信技術を活用した教育の理論及び方法」については，これまでは寺嶋（2016）のように「教育の方法及び技術（情報機器及び教材の活用を含む。）」のうち5分の1程度の時間を教育の情報化に特化して，授業技術としてのICT活用や情報モラルの指導に当てるとともに，他の周辺科目との関連を図るものと考えられていた。佐藤（2021）や上田・小島（2021）も同様であり，教育の情報化とGIGAスクール，ソフトウェアやアプリケーションを用いたICT活用授業，プログラミング教育といった内容が扱われている。その一方で，古屋野（1991），松田ほか（1994），太田（2022）のように，教材作成と模擬授業，メディアの活用といったICT関係の内容が授業時間の大部分を占める場合もあり，これらはそのまま「情報通信技術を活用した教育の理論及び方法」の授業として扱うことも可能であろう。

　また稲垣ら（2021）は，テキストの付録として教職課程コアカリキュラムをふまえた「ICT活用の理論と方法」のシラバス例を提示している。例えば1単位の場合には，1）現代社会におけるICTの役割と導入，2）教師のICT活用指導力と先端技術とデジタルコンテンツの活用，3）特別支援・幼児教育におけるICT活用，4）個別最適な学びと対話的な学びを深めるICTの活用と遠隔授業，5）児童生徒によるICT活用，6）児童生徒の情報活用能力の育成，7）校務の情報化とデータの活用の7回から授業を構成している。柄本（2021）も，教職課程コアカリキュラムを踏まえたICTソフトウェア・ハードウェアの活用を中心とした授業を提案している。

　これに対して「教育の方法及び技術」については，1単位分しか確保できなくなった場合に，どのような内容とするのかが課題となる。志賀（1991）は「教育の方法及び技術」の枠組みとして，授業の理論と実践（授業の構造・形態，教授理論，授業設計，授業の技術，授業の評価，授業の分析），教授メディア

の活用（教授メディア・情報機器の機能と特性，教材開発），情報機器の活用（コンピュータの学校教育への利用，パソコンを使った実習）の三つをあげている。この他にも，学力や資質・能力，教師の実践知，校舎や教室環境といった点も扱うべき項目であろう。また，小島（2017）のように学生の指導案づくり・模擬授業・授業研究を中心に実施する授業，児玉（2017）のように協働学習をテーマにしながら授業形態自体も協働学習で行う場合や，渡辺（2012，2021）のように授業外での自主的な学習や小グループでの討論，教職大学院での対話型模擬授業検討会といった，学生の活動を中心とした授業もあり，その内容は幅広いことがわかる。

　杵渕（2021）は，今回の改正を視野に入れて「教育方法・技術」の授業において，15回中8回をICT活用にあてているが，それ以外の回では授業のPDCAサイクル，授業づくりのプロセス，基礎的な授業技術，学習指導案，海外の学習理論，日本における学習理論と教育方法の変遷といった内容を扱っている。ただし教育評価や授業研究，学習形態という点には触れておらず，実施する項目も1回ずつでは表面的な学びに終わる可能性もある。下野（2017）も，教育方法の歴史，学習指導の原理と形態，学習指導計画と学習指導案，授業分析と評価といった9回分の内容と，情報機器および教材の活用に関する内容とを2名の教員で分担しているが，前者の内容を1単位分で実施するには時間的にも限界があると思われる。

❻　学習環境としての情報通信技術の活用と教育方法学

　情報通信技術の活用を検討するにあたっては，授業におけるICTの役割についても同時に考える必要がある。新型コロナウイルスの流行による一斉休校では，遠隔授業を行うための環境とその特性を生かした指導方法が求められ，実践されてきた。だが，それを児童生徒全員が集まる教室で適用すべきかについては，異なる問題である。子安（2021）は，授業支援アプリとデジタルコンテンツといったICT化が，教育活動の画一化と定型化をもたらすことを指摘した。

そこでは，開発者が想定した類型化された学習課題とコースがプログラムされているだけであり，個別最適な学びとはいえない。また，教科書準拠の教材解釈対応の学習課題と解説しかできず，教材研究に疎い教員ほどネットの情報を鵜呑みにしやすくなることが危惧されている。

1960年代に放送教材が導入された際，学習に必要な部分だけを用いる「分断利用」か，番組をそのまま用いる「まるごと利用」かという議論があり，教師は「ティーチャー」と「チューター」のどちらの役割を果たすかという議論にもなった（三橋，1994）。AIドリルや，タブレットを通じた話し合い，プログラミングを用いた描画といった実践も，授業のねらいにもとづいて指導する「ティーチャー」としての教師と，ICTアプリケーションの導入や操作方法を補助する「チューター」としての教師との違いにつながる可能性がある。それは，授業に集中せずにふざける，目や精神に悪影響を及ぼすといった批判とは本質的に異なる問題である。子安のいう「AIやICT機器の原理的限界を踏まえた利用」について考える機会こそ，「情報通信技術を活用した教育の理論及び方法」のなかで設ける必要がある。

またこれらの改革は，教育方法学研究のあり方や教育方法学研究者の育成という点にも影響を及ぼす。梅原（2014）が整理したように，教育方法学研究は，学習指導および生活指導を通してめざす，よりよい人間形成の方法についての研究であり，目標と内容と方法をともなった技術学ということができる。梅原の指摘する，しくみや内容はすでに決定されたものとみなしてその検討を不問にし，あとはもっぱら「指導のやり方」のみに限定してしまう傾向は，学校現場や学生の実態とあいまって，今回の改革を通して強まる可能性がある。さらに修得単位数や授業時間数の減少は，教育方法学研究者が活動する場や研究者養成の縮小にもつながりかねず，本学会においても組織的な検討が求められる。

ICTは，校舎や教室，施設・設備，教材といった学習環境の一部として考えられるべきであり，教職課程においても，例えばオープンスペースを使用すると授業がどのように変わり児童生徒にどのような学習効果をもたらすのかといったことと同様な観点から，研究や教育も進められることが望まれる。その意

味でも，教職課程において「情報通信技術を活用した教育の理論及び方法」は「教育の方法及び技術」と一体的に扱われるべきであり，それぞれを単位数で截然と分けるのではなく，例えば授業づくりの中でICTがどのように活用可能かといった，両事項を融合した内容を構想することが必要となるだろう。

参考文献

・ 樋口直宏（2017）「教師教育カリキュラムにおける教育学的教養」日本教師教育学会（編）『教師教育研究ハンドブック』学文社，pp.182-185.
・ 稲垣忠，佐藤和紀（編著）（2021）『ICT活用の理論と実践』北大路書房，pp.151-153.
・ 石井英真（2014）「教員養成の高度化と教師の専門職像の再検討」『日本教師教育学会年報』23，pp.20-29.
・ 杵渕洋美（2021）「教職課程におけるICT活用指導力充実に向けた取組―『教育方法・技術』での取組報告―」『教職支援センター年報』新潟医療福祉大学，5，pp.14-20.
・ 児玉佳一（2017）「教師の視点で協働学習を捉えるための『教育方法論』の実践」『教職課程センター紀要』大東文化大学，2，pp.281-290.
・ 小島勇（2017）「教職専門性の基盤＜授業指導力・授業研究力＞育成のための提案―＜分かちあい＞授業研究による教育実習関連科目『教育の方法と技術』・『教育実習セミナー』・『教職実践演習』連携の構築―」『東京電機大学総合文化研究』15，pp.179-184.
・ 古屋野素材（1991）「教職課程科目としての『教育方法（情報処理を含む)』の課題と問題点」『教職・社会教育主事課程年報』明治大学，13，pp.20-27.
・ 子安潤（2021）「授業の画一化と教師の自律性」『日本教師教育学会年報』30，pp.88-98.
・ 松田稔樹，波多野和彦，野村泰朗，濱野隆，黒田俊雄，松田明子（1994）「情報化への対応力を育成する一般大学向け教員養成・研修方法の開発―『教育の方法及び技術に関する科目』と『教科教育法』での指導―」『人文論叢』東京工業大学，20，pp.95-105.
・ 三橋功一（1994）「『教育の方法及び技術』の授業プログラムの開発」『湘南短期大学紀要』5，pp.197-210.
・ 日本教育大学協会「モデル・コア・カリキュラム」研究プロジェクト（2004）『教員養成の「モデル・コア・カリキュラム」の検討―「教員養成コア科目群」を基軸にしたカリキュラムづくりの提案―』，pp.15-17.
・ 太田伸幸（2022）「『教育の方法と技術A』における対面・遠隔講義の両方に対応した講義運営」『現代教育学部紀要』中部大学，14，pp.71-80.

・ 小柳和喜雄（2021）「教育の情報化の推進と教師像の変化」日本教師教育学会（編）
『日本教師教育学会年報』30，pp.64-74.
・ 坂本昭（2009）「教師教育制度の改革動向―『大学における教員養成』の視点から―」
『福岡大学研究部論集 人文科学編』9（4），pp.15-24.
・ 佐藤修（2021）「教職課程における ICT 活用指導力育成に関する一考察」『玉川大
学教師教育リサーチセンター年報』11，pp.63-73.
・ 志賀政男（1991）「『教育の方法及び技術（情報機器及び教材の活用を含む）』のた
めのカリキュラム構成」『東洋大学文学部紀要 教育学科・教職課程編』17，pp.89-
101.
・ 下野正代（2017）「ICT を活用した教育プレゼンテーション能力の育成―『教育の
方法と技術』『教科の指導法』『アクティブ・ラーニング』―」『情報学研究』朝日
大学，26，pp.1-13.
・ 高橋英児（2010）「養成段階における実践的指導力の育成についての一考察」『日
本教師教育学会年報』19，pp.57-66.
・ 寺嶋浩介（2016）「教育の情報化に対応するための教員養成カリキュラムのリニュ
ーアル」木原俊行，寺嶋浩介，島田希(編著)『教育工学的アプローチによる教師教育』
ミネルヴァ書房，pp.82-103.
・ 柄本健太郎（2021）「情報通信技術を活用した教育の理論及び方法に対応した授業
の提案― ICT に関する大学の教職課程授業での取り組みを踏まえて―」『武蔵大学
人文学会雑誌』53（1），pp.1-22.
・ 上田喜彦，小島源一郎（2021）「『教育方法学』のシラバスの改善に関する一考察
―学校現場での ICT 活用の現状と学生の意識調査から―」『天理大学教職教育研
究』4，pp.3-26.
・ 梅原利夫（2014）「教育方法学研究の固有性」日本教育方法学会（編）『教育方法
学研究ハンドブック』学文社，pp.14-19.
・ 渡辺貴裕（2012）「授業づくり・カリキュラムづくりの力を育てる『教育方法論』『教
育課程論』の授業」『日本教師教育学会年報』21，pp.56-62.
・ 渡辺貴裕（2021）「実践を『他人事』として捉えない教育方法学に向けて―教育方
法学者と教師教育のコロナ禍のもとでの問い直し―」日本教育方法学会（編）『教
育方法 50　パンデミック禍の学びと教育実践』図書文化，pp.134-147.

日本教育方法学会会則

第1章　　　総　　則

第1条　本会は日本教育方法学会という。

第2条　本会は教育方法（教育内容を含む）全般にわたる研究の発達と普及をはかり，相互の連絡と協力を促進することを目的とする。

第3条　本会に事務局をおく。事務局は理事会の承認を得て，代表理事が定める。

第2章　　　事　　業

第4条　本会は第2条の目的を達成するために，下記の事業を行う。

　　　　1．研究集会の開催
　　　　2．機関誌および会報の発行
　　　　3．研究成果，研究資料，文献目録，その他の刊行
　　　　4．他の研究団体との連絡提携
　　　　5．その他本会の目的を達成するために必要な事業

第3章　　　会　　員

第5条　本会の会員は本会の目的に賛同し，教育方法（教育内容を含む）の研究に関心をもつものによって組織する。

第6条　会員は研究集会に参加し，機関誌その他の刊行物においてその研究を発表することができる。

第7条　本会の会員となるには，会員の推せんにより入会金2,000円を添えて申し込むものとする。会員は退会届を提出して退会することができる。

178

第8条　会員は会費年額8,000円（学生会員は6,000円）を納入しなければならない。
　　　過去３年間にわたって（当該年度を含む）会費の納入を怠ったばあいは，
　　　会員としての資格を失う。

第4章　　　　組 織 お よ び 運 営

第9条　本会には以下の役員をおく。

　　　　　　代 表 理 事　　１ 名
　　　　　　理　　　　事　若干名（うち常任理事　若干名）
　　　　　　事 務 局 長　　１ 名
　　　　　　事 務 局 幹 事　若干名
　　　　　　監　　　査　２ 名

第10条　代表理事の選出は理事の互選による。理事は会員のうちから選出し，理
　　　　事会を構成する。常任理事は理事の互選により決定し，常任理事会を組織
　　　　する。事務局長は理事会の承認を得て代表理事が委嘱する。事務局幹事は
　　　　代表理事の承認を得て事務局長が委嘱する。監査は総会において選出する。

第11条　代表理事は本会を代表し，諸会議を招集する。代表理事に事故あるとき
　　　　は，常任理事のうちの１名がこれに代わる。理事会は本会運営上の重要事
　　　　項について審議し，常任理事会は会の運営，会務の処理にあたる。事務局
　　　　は事務局長および事務局幹事で構成する。事務局は庶務および会計事務を
　　　　分掌し，代表理事がこれを統括する。監査は本会の会計を監査する。

第12条　各役員の任期は３年とする。ただし再任を妨げない。

第13条　総会は本会の事業および運営に関する重要事項を審議し，決定する最高
　　　　の決議機関である。総会は毎年１回これを開く。

第14条　本会に顧問をおくことができる。顧問は総会において推挙する。

第15条　本会は理事会の議を経て各大学・学校・研究機関・地域などを単位とし
　　　　て支部をおくことができる。支部は世話人１名をおき，本会との連絡，支
　　　　部の会務処理にあたる。

第5章　　　会　　計

第16条　本会の経費は会費・入会金・寄付金その他の収入をもってこれにあてる。

第17条　本会の会計年度は毎年4月1日に始まり，翌年3月31日に終わる。

付　　則

1．本会の会則の改正は総会の決議による。
2．本会則は昭和39年8月20日より有効である。
3．昭和40年8月23日一部改正（第3条・第8条）
4．昭和48年4月1日一部改正（第8条）
5．昭和50年4月1日一部改正（第8条）
6．昭和51年4月1日一部改正（第7条・第8条）
7．昭和54年4月1日一部改正（第12条）
8．昭和59年10月6日一部改正（第3条・第10条）
9．昭和60年10月11日一部改正（第8条）
10．昭和63年9月30日一部改正（第8条）
11．1991年10月6日一部改正（第7条）
12．1994年10月23日一部改正（第8条）
13．1998年10月3日一部改正（第8条）
14．2004年10月9日一部改正（第9条・第10条・第11条）

日本教育方法学会入会のご案内

　日本教育方法学会への入会は，随時受け付けております。返信用120円切手を同封のうえ，入会希望の旨を事務局までお知らせください。

　詳しいお問い合わせについては，学会事務局までご連絡ください。

【日本教育方法学会事務局】

〒739-8524　東広島市鏡山1-1-1

広島大学大学院人間社会科学研究科 教育方法学研究室気付

Tel / Fax：082-424-6744

E-mail：hohojimu@riise.hiroshima-u.ac.jp

　なお，新たに入会される方は，次の金額を必要とします。ご参照ください。

	一般会員	学生・院生
入会金	2,000円	2,000円
当該年度学会費	8,000円	6,000円
計	10,000円	8,000円

執筆者紹介（執筆順）

子安	潤	中部大学
石井	英真	京都大学
鹿毛	雅治	慶應義塾大学
奥村	好美	京都大学
田端	健人	宮城教育大学
木原	俊行	大阪教育大学
高橋	英児	山梨大学
吉永	紀子	同志社女子大学
宮原	順寛	北海道教育大学
坂本	將暢	名古屋大学
黒田	友紀	日本大学
藤江	康彦	東京大学
樋口	直宏	筑波大学

教育方法51　教師の自律性と教育方法

2022年10月 10日　初版第 1 刷発行［検印省略］

編　者　Ⓒ日本教育方法学会
発行人　則岡　秀卓
発行所　　株式会社　図書文化社
　　　　　〒112-0012　東京都文京区大塚1-4-15
　　　　　TEL.03-3943-2511　FAX.03-3943-2519
　　　　　http://www.toshobunka.co.jp/
組　版　　株式会社　エスアンドピー
印刷製本　株式会社　厚徳社
装幀者　　玉田　素子

ISBN978-4-8100-2768-6　　　C3337